引爆小红书

企业掘金小红书的策略和方法

庄俊 著

本书作者在小红书营销领域深耕多年，辅助过上百家品牌从 0 到 1 开展小红书营销，总结出一套小红书营销落地方法论。全书从商业价值、机制和规则、爆文生产、专业号运营、投放策略、营销工具、私域运营、投放复盘八个方面全方位阐述了企业小红书营销的策略、方法和工具，适合品牌创始人、品牌总监、小红书运营人员等阅读。

图书在版编目（CIP）数据

引爆小红书/庄俊著. — 北京：机械工业出版社，2023.6
ISBN 978－7－111－73306－5

Ⅰ.①引… Ⅱ.①庄… Ⅲ.①网络营销
Ⅳ.①F713.365.2

中国国家版本馆 CIP 数据核字（2023）第 103721 号

机械工业出版社（北京市百万庄大街 22 号　邮政编码 100037）
策划编辑：解文涛　　　　　　责任编辑：解文涛
责任校对：肖　琳　张　薇　　责任印制：单爱军
北京联兴盛业印刷股份有限公司印刷
2023 年 7 月第 1 版第 1 次印刷
145mm×210mm·9.375 印张·3 插页·200 千字
标准书号：ISBN 978－7－111－73306－5
定价：69.80 元

电话服务　　　　　　　　网络服务
客服电话：010-88361066　　机　工　官　网：www.cmpbook.com
　　　　　010-88379833　　机　工　官　博：weibo.com/cmp1952
　　　　　010-68326294　　金　书　网：www.golden-book.com
封底无防伪标均为盗版　　　机工教育服务网：www.cmpedu.com

大咖赞誉

小红书是一个真实内容分享社区,引领着热门的生活趋势。对于品牌来说,小红书也是新品"种草第一站"。

《引爆小红书》透彻分析了小红书运营规则、批量打造爆文的方法、品牌投放的策略、引流私域的方法等,可以帮助企业在小红书上构建竞争优势。

在此,感谢庄俊老师多次赋能我们进行新媒体转型。

——海尔智家营销总经理 程传岭

初识庄俊,大约是在三四年前。当时我拜读了他写的好几篇有关小红书账号运营的文章。于是,我便抱着粉丝的心态加入了庄俊运营的社群"内容山庄",并在其间结识了诸多新媒体和新品牌运营高手。更重要的是,我得以随时倾听庄俊的讲解和分析,以及他对新榜的小红书数据产品"新红"的批评和建议。

如今获悉庄俊的新作出版,我衷心地祝贺他。我相信这本结集之作定能为小红书运营者提供更加全面和深入的指导,帮助他们从0到1,从小红到大红!

——新榜CEO 徐达内

祝贺庄俊老师的新书出版。当前,小红书已经成了各大品牌营销必不可少的利器。这本书从小红书的规则与机制、爆款内容创作以及投放策略等方面给出了详细的指导,推荐大家认真阅读。

——半亩花田合伙人、总经理 亓丰伟

认识庄俊多年,我一直觉得他是新媒体营销趋势下对"小红书生态"最敏锐的"天才插班生"。《引爆小红书》以他躬身入局的经历和亮眼案例的实绩,深入浅出地讲解了如何在小红书中成为"长跑选手",书中提供了大量实操干货。我相信这本书能让大家在小红书运营上少走弯路,取得更好的成果。

——木兰姐品牌咨询创始人、《打爆口碑:
0到150亿的品牌方法论》作者 木兰姐

庄俊老师在小红书营销领域有着独到的洞见。《引爆小红书》在开篇即点明小红书的"三大核心差异化价值",对于企业研究并提升品牌力有着巨大的帮助。如果你的企业想在小红书营销方面有所建树,请一定阅读本书。

——添可品牌操盘手 孙燕岗

作为亿邦动力最早的"邦达人"之一,庄俊让我认识到在一个垂直领域持续钻研的意义。

小红书是种草的代名词,庄俊是带领商家持续种草的"庄主"。

如果你想了解小红书的运营秘诀,那么《引爆小红书》是你不可错过的。

——亿邦动力总编 贾昆

相识十多年来，我见证了庄俊从互联网小白蜕变为小红书领域专家的过程。《引爆小红书》是庄俊对自己多年实操经验和思考的总结，他在书中分享了自己在小红书运营方面的心得和技巧。这本书内容丰富、实用性强，对于想要在小红书中开展业务的企业和个人来说，无疑是一本非常有价值的参考书。

——波斯猫电商前运营总监 老余

庄俊老师在小红书营销领域的专业水平是毋庸置疑的。之前我安排内容营销负责人学习了庄俊老师的课程，学完后他反馈课程很专业。《引爆小红书》一定能帮助企业提升小红书内容营销能力，推荐大家阅读。

——大宇小家电总经理 王贞雯

庄俊老师的这本书详细阐述与剖析了小红书平台的商业价值、机制和规则、爆文逻辑和优化策略、私域运营逻辑等。在当今商业内卷的时代，小红书成了主要的流量阵地。这本书值得营销和传媒行业的同仁反复研读和学习。

——熊小婴创始人、CEO 张大龙

从 2018 年合作至今，庄俊老师给了我很大的帮助。在庄俊老师的指导下，我曾经任职的母婴品牌于 2018 年"双十一"期间在小红书电商平台取得了母婴组全品类第 3 名的销售成绩，于 2019 年"618"期间在小红书电商平台取得了单品类爆款第 2 名的销售成绩。

当前，小红书营销越来越被商家重视，小红书已经成为商家内容营销的必争之地。《引爆小红书》值得小红书运营者学习和收藏。

——知名亿级母婴品牌前操盘手、童柏 Tonbal 总经理 时新宇深耕小红书内容营销多年，庄俊老师对小红书有着敏锐的洞察力，对爆文底层逻辑、用户画像剖析、流量推荐机制等均有着自己独到的见解。

《引爆小红书》详细阐述了品牌批量生产爆文、运营自有账号、优化投放、引流私域的策略和方法，能够助力品牌快速破圈，抢占用户心智，降低获客成本。

——摩柏联合创始人 LISA

庄俊老师是企业小红书业务的"前沿洞察者"和"小红书百科全书"。

《引爆小红书》是庄俊老师为小红书运营人员和品牌负责人精心打造的一本案头书。如果你希望你的品牌能够更快地渗透市场，那么《引爆小红书》是极佳的选择！

——小红书MCN机构栗子说联合创始人 颜颜

作为引领年轻人美好生活的种草平台，小红书在营销界拥有不可替代的地位。庄俊老师是深耕小红书6年的研究者，他的系统性思维与差异化打法影响着数以万计的小红书从业者。

无论你是品牌方、MCN机构还是内容创作者，都能从这本书中找到你需要的内容。

——小红书MCN机构方片CEO 金虎

作为国内互联网内容营销的专家，庄俊老师拥有小红书品牌营销的扎实理论洞察和丰富实战经验。如果你想在小红书平台中有所作为，那么庄俊老师的这本经验之作将会是你的指路明灯。

——小红书头部MCN机构阿尼星空创始人 刘振宇

自　序

立言不易。我尝试着写过很多篇文章，但将这些文章修订成册，汇成一本书籍，尤其是一本工具指南型的书籍，对我来说是第一次。

之所以出版这本书，我有两个目的。

一是过去我总结了很多运营经验，我希望将它们记录下来，当年岁渐长、回顾过往时，我能欣喜于年轻时并没有安于现状，而是不断努力做了不少事情。

二是我分享的文章被越来越多的品牌运营人阅读，越来越多的小伙伴开始询问我："你什么时候出版一本系统的小红书营销书籍？我们非常需要这样一本书。"回想最初进入这个行业时，我也曾像这些小伙伴一样，非常迫切地希望得到一本运营大全，翻开这本运营大全，我就能立刻找到适合的运营方法，做出点赞 10 万 + 的笔记。

我在辅导品牌时常说，做内容营销一定要有一颗"利他"之心，从用户的角度出发，为他们提供有价值的内容，利他才能利己。在收到诸多小伙伴的询问后，我很担心自己做不好，我敬畏读者的时间，不敢将就，于是迟迟不敢下笔。但后来以做内容营销的心态去思考时，我的脑海中突然间产生了一个念头："如果我写的书能为哪怕一个小伙伴、一个品牌带去帮助，那么这件事就值得一做。"

自 序

是的,这件事值得一做,这本书值得一写。于是我不去想写作过程会如何艰辛,不去想出版之后可能无人问津,只凭着能帮助一个伙伴、一个品牌的信念,便开始写作本书。

我的想法很简单,但在小红书做内容营销并不简单。

首先是认知层面上的困难。许多品牌和运营伙伴还未意识到,时代在驱动我们学习小红书内容营销。随着时代的发展,品牌营销已经从以产品为王,过渡到以渠道为王,现如今又过渡到以内容为王。这样的局势倒逼品牌不得不开始深入研究内容营销。否则,被同行,甚至是跨行竞争者抛在身后,是迟早的事情。

如今,许多新品牌的孵化、冷启动,从 0 到 1 的过程,都是在小红书上完成的。同时,小红书对于品牌沉淀口碑、扩大影响力也有重要作用。

因此,在小红书上做内容营销,是品牌当下乃至未来十年必须研究的命题。小红书内容营销的穿透力极强,它能渗透到目标用户生活的各个角落,悄无声息地影响用户的消费决策。

其次是运营方法上的困难。许多品牌和运营伙伴问我:"庄老师,我发布的笔记效果不好,是不是应该放弃小红书内容营销了?"他们常常抱着非常高的期待入局小红书,但却在一次又一次的打击中丧失信心,产生了放弃的念头。在我看来,他们之所以屡屡失败,都是因为没有掌握小红书内容营销的核心方法,太执着于表象,而没有触达其"命门",最终心力消耗严重,结果却不尽如人意。

为此,我总结了小红书内容营销中需要掌握的八个方面的知识。在写作过程中,我曾思索八章内容是否过多,但思索后我认为,每一个板块都很重要,这八个板块涵盖了品牌在小红书上做内容营销的全过程。

无论是从认知层面去了解小红书的商业价值和相关的规则、机制,还是从执行方面去学习品牌批量生产爆文的"爆文胶囊"、品牌专业号运营方法、品牌投放笔记的策略、品牌提升商业效果的营销工具、品牌将公域流量引流私域的方法、品牌进行投放总复盘的方法,都是品牌需要做的事情,缺一不可。

需要注意的是,本书不仅分享了营销技巧,还分享了营销思路,技巧容易过时,思路不容易过时。

本书的每章内容都是从我与团队打磨多年的课程转化而来的,是每个品牌运营小红书的真实写照。每写完一章内容,我都会要求团队成员阅读,读完之后他们有哪里不明白的,我再加以改进,力争让每位读者都能一看就会,拿来就用。

作为一本工具书,本书具有以下三个特点。

【通俗易懂】

我并不是专门研究小红书内容营销理论的专家、学者,本书的所有内容都基于我在实践中总结出来的经验。为了让品牌和小伙伴们能拿来就用,迅速掌握小红书内容营销的方法,我使用的都是通俗易懂的语言,让品牌和小伙伴们一看就懂。

【案例翔实】

在小红书内容营销的实践中,我操盘了大量案例,我将这些案例写入书中，以便品牌和小伙伴们深入理解小红书内容营销的方法。

【操作简单】

本书中阐述的小红书内容营销的方法，是我在多次实践后总结出来的，是对繁杂过程的简化。品牌和小伙伴们学习这些方法时，能够非常容易地上手操作，且一做就会。

我希望本书能起到抛砖引玉的作用，帮助品牌做好小红书内容营销，引爆小红书。

目 录

自 序

第1章
商业价值：小红书的三大核心差异化价值

1.1 社区价值：助力每一个好产品生长 … 002
    1.1.1 创造新的消费需求 … 003
    1.1.2 助力新品牌成长 … 005

1.2 营销价值：从"种草"到"拔草"的流量闭环 … 009
    1.2.1 "种草"：导入流量 … 010
    1.2.2 "拔草"：流量转化 … 014

1.3 用户价值："三高人群"聚集地 … 020
    1.3.1 高价值 … 021
    1.3.2 高影响力 … 025
    1.3.3 高活跃度 … 027

第2章
流量开关：小红书的机制与规则

2.1 三大流量推荐机制 … 030
    2.1.1 个性化推荐机制 … 030
    2.1.2 社交裂变推荐机制 … 034
    2.1.3 关键词推荐机制 … 036

2.2 两大平台运营机制 … 041
    2.2.1 账号权重机制 … 041
    2.2.2 小红书社区公约 … 044

2.3 笔记"三率"提升规则 … 048
    2.3.1 点击率提升指南 … 048
    2.3.2 互动率提升指南 … 053
    2.3.3 转化率提升指南 … 058

第3章
爆文胶囊：批量生产爆文

3.1 选主题：六种小红书热门选题法 … 064
    3.1.1 目标人群法 … 064
    3.1.2 场景设置法 … 067
    3.1.3 产品卖点法 … 068
    3.1.4 竞品差异法 … 071
    3.1.5 跨界对象法 … 072
    3.1.6 平台热点法 … 074

3.2 起标题：14个爆款标题模板 … 077
    3.2.1 悬疑式标题 … 078
    3.2.2 解决问题式标题 … 081
    3.2.3 字眼冲击式标题 … 083
    3.2.4 热点式标题 … 085

3.3 写正文：一套爆文方法论 … 088
    3.3.1 四原则 … 088
    3.3.2 四感写作法：沟通感+痛感+情感+正感 … 091
    3.3.3 六字诀：真、美、奇、趣、干、矛 … 094

3.4 设封面：让点击率噌噌涨的封面优化法 … 101
　　3.4.1 笔记封面尺寸选择 … 101
　　3.4.2 图片设计的四个方式 … 103

3.5 定关键词：三个方法精准布局关键词 … 110
　　3.5.1 寻找上升期热搜词 … 111
　　3.5.2 选择细分关键词 … 113
　　3.5.3 打造场景化关键词 … 116

3.6 拆爆文：那些爆款笔记是如何炼成的 … 118
　　3.6.1 母婴育儿类 … 118
　　3.6.2 家居家装类 … 120
　　3.6.3 运动健身类 … 121
　　3.6.4 萌宠类 … 123
　　3.6.5 美妆护肤类 … 125
　　3.6.6 美食类 … 127

第4章
专业号运营：四步获取流量密码

4.1 搭建专业运营团队 … 130
　　4.1.1 小红书专业号运营是一把手工程 … 130
　　4.1.2 团队的角色定位及搭建方案 … 132
　　4.1.3 团队须掌握的五大能力 … 135

4.2 精准定位账号 … 147
　　4.2.1 自我分析——品牌是谁 … 147
　　4.2.2 用户分析——品牌为了谁 … 149
　　4.2.3 产品分析——品牌能提供什么价值 … 151

4.3 把握专业号运营规则 … 153
　　4.3.1 新规解读 … 153

4.3.2　发布规则 … 157

　　　4.3.3　活动规则 … 159

　　　4.3.4　展现规则 … 160

　　　4.3.5　禁止事项 … 161

4.4　打造"4 +1"账号矩阵 … 163

　　　4.4.1　小红书专业号——官方角度 … 164

　　　4.4.2　小红书个人号——个人角度 … 166

　　　4.4.3　小红书老板IP号——老板角度 … 167

　　　4.4.4　小红书员工号——员工角度 … 168

　　　4.4.5　小红书引流号——"狙击手" … 169

第5章
品牌内容投放：优化投放策略

5.1　投放前：磨好七个箭头 … 172

　　　5.1.1　明确投放目的 … 173

　　　5.1.2　洞察目标人群 … 176

　　　5.1.3　定制独特的产品 … 179

　　　5.1.4　设置唯一的产品名 … 180

　　　5.1.5　设计吸睛的产品包装 … 182

　　　5.1.6　构建特殊卖点 … 183

　　　5.1.7　打造独一无二的价值主张 … 188

5.2　投放中：高性价比投放"SSWG法则" … 191

　　　5.2.1　Select：选择合适的投放模型 … 191

　　　5.2.2　Seek：寻找合适博主的五大招式 … 194

　　　5.2.3　Write：撰写高质量的Brief … 203

　　　5.2.4　Guide：评论区引导"五部曲" … 206

5.3 投放后:实时数据监测与跟踪 … 211
    5.3.1 数据监测的五大指标 … 211
    5.3.2 数据分析的四大方向 … 214

第6章
营销工具:小红书商业效果提升"三驾马车"

6.1 信息流广告和搜索广告 … 220
    6.1.1 信息流广告投放技巧 … 220
    6.1.2 搜索广告投放技巧 … 222

6.2 薯条 … 224
    6.2.1 薯条功能介绍 … 224
    6.2.2 薯条投放四大技巧 … 226
    6.2.3 薯条审核不通过的四大原因 … 228

6.3 第三方数据平台 … 230
    6.3.1 找红人——寻找合适的投放博主 … 230
    6.3.2 热门内容——系统分析热点内容和热点话题 … 233
    6.3.3 流量分析——查找合适的投放关键词 … 237
    6.3.4 品牌营销——调研竞争品牌投放情况 … 240

第7章
引流私域:"养鱼"的三大"鱼塘法则"

7.1 鱼塘思维,助你养好私域"鱼儿" … 244
    7.1.1 私域就是"可控的鱼塘" … 244
    7.1.2 四大理由让你不得不引流 … 247

7.2 万能"鱼塘打造法宝",帮你建立自己的"鱼塘" … 252
　　7.2.1 "钓鱼":账号信息引导 … 252
　　7.2.2 "聊鱼":私聊引导 … 253
　　7.2.3 "诱鱼":置顶笔记引导 … 255
　　7.2.4 "圈鱼":直播引导 … 256
　　7.2.5 "钓鱼":评论区引导 … 257

7.3 社群"养鱼"模式,让你从 0 到 1 建立"大鱼塘" … 259
　　7.3.1 社群"鱼塘"理论 … 259
　　7.3.2 社群"养鱼"模式 … 262

第 8 章
投放复盘:总结提升"三板斧"

8.1 ROI 复盘 … 268
　　8.1.1 复盘爆文率 … 269
　　8.1.2 复盘笔记数量 … 269
　　8.1.3 复盘关键词页面占比 … 270
　　8.1.4 复盘阅读量与互动量 … 270
　　8.1.5 复盘访客量 … 271
　　8.1.6 复盘转化率 … 272

8.2 用户心智复盘 … 273
　　8.2.1 复盘用户渗透情况 … 274
　　8.2.2 复盘"自来水"情况 … 275
　　8.2.3 复盘博主与用户反馈情况 … 277

8.3 团队人员复盘 … 279
　　8.3.1 复盘团队人员的工作执行情况 … 279
　　8.3.2 复盘团队人员的工作理解情况 … 281

后记 … 284

第1章

商业价值：
小红书的三大核心差异化价值

《孙子兵法·谋攻篇》中写道："知己知彼，百战不殆。"品牌要在小红书上掘金，就要了解小红书的商业价值，知道小红书能为品牌提供什么样的差异化价值。否则，品牌在小红书投入大量的人力、物力，一顿操作猛如虎，仔细一看原地杵，不仅浪费成本，也错过了品牌成长的最佳时机。

1.1 社区价值：助力每一个好产品生长

小红书的第一大核心差异化价值是社区价值。

大熊猫社区发布的文章《社区的价值与发展》中写道："社区天然就是有价值的，它们汇集了成员的资源、技能、知识和经验，为成员和与他们互动的其他利益相关者创造价值。"

在小红书上，用户小杨分享了自己的考研经验，在笔记中，她总结了自己备考期间的作息时间、省钱妙招、学习资料选择、心态调整等一系列心得。在其笔记的评论区，有大量的备考学生留言，比如"谢谢姐妹的分享，一起努力"。这些备考学生聚集在一起，建立了小红书社群，每日在群里"打卡"⊖，相互监督、相互促进。

同样的故事每天都在小红书上上演，这是小红书内容社区价值的一个缩影。在小红书上，每个用户都可以分享自己的日常生活，具有相同兴趣爱好的用户被紧密连接在一起，共同打造了社区的巨大价值。

⊖ 打卡：指工作人员上下班时把考勤卡放在磁卡机上记录下到达和离开单位的时间。在这里引申为备考学生每天像上下班一样通报自己的学习时间、学习进度。

小红书最大的社区价值是"助力每一个好产品在小红书生长",这是在"2022小红书商业生态大会"上小红书CMO㊀之恒的发言。她还说道:"品牌的本质是理解用户需求,向用户交付价值,而好产品好服务是品牌向用户交付价值的终极形态。"

1.1.1 创造新的消费需求

中国互联网络信息中心(CNNIC)在北京发布的第49次《中国互联网络发展状况统计报告》(以下简称《报告》)显示,截至2021年12月,中国网民规模达10.32亿,较2020年12月增长4296万,互联网普及率达73.0%。

虽然我国的互联网普及率非常高,但各大互联网平台的竞争也异常激烈。那些长久以来在人们心中留下深刻印象的平台,倏忽间便可能被新的平台代替。小红书是一个年轻的平台,2013年6月才正式推出,而数据平台发布的《2022年活跃用户画像趋势报告(小红书平台)》显示:2022年7月,小红书月活跃用户数达到2亿,"90后"用户占比为72%,一、二线城市用户占比为50%,共有超过4300万分享者。

小红书之所以能够在众多互联网平台中脱颖而出,正是因为它构建了一个庞大的内容社区。"小红书就像一座城市。"小红书创始人瞿芳曾这样比喻。

关于社区,社会学家给出了多种定义,虽然各种定义的措辞不尽相同,但究其本质,都是指将一定数量的人口、一定范

㊀ CMO:Chief Marketing Officer,首席营销官。

围的地域、一定规模的设施、一定特征的文化等聚集在一起。在现实生活中,我们常见的小区、街道等,就可以被理解为社区。

作为真实生活的映射,互联网与社区关系密切,西祠胡同[一]创始人响马曾说过:"互联网从诞生那一天起,就具备社区的特点。"互联网社区相较于社区多了一个限定词,相较于现实中的社区,其形成不是按照地域划分的,而是通过对特定人群的筛选,最终形成的文化共同体。在这个文化共同体内,有用户生产内容,而这些内容吸引了其他用户,这些用户聚集在一起,共同促成了互联网内容社区的形成。

小红书就是互联网内容社区中的佼佼者。在小红书上,用户与博主之间平等交流,通过相同的兴趣爱好连接在一起,使小红书成为一个没有"围墙"的社区。

举个例子,一位博主在小红书上分享了去婺源篁岭旅游的图片,同时告诉其他用户婺源篁岭的最佳游玩时间、门票价格等信息。许多用户在感慨婺源篁岭的美景时,还会询问一些其他信息,如哪些地方适合拍照、到了婺源之后在哪里住宿、乘火车到哪个车站下车等。博主也耐心地回答了一些问题,博主和其他用户因为喜欢旅游、喜欢婺源篁岭而聚集在一起。

对于小红书而言,构建社区的主要目的是让用户留下来。一批分享意愿、探索欲望都很强的用户在小红书上扎根,是小红书社区持续发展的基础。

[一] 西祠胡同:国内首创的网友"自行开版、自行管理、自行发展"的开放式社区平台,致力于为各地用户提供便捷的生活交流空间和本地生活服务平台。

对于品牌而言，没有"围墙"的社区，可以帮助品牌完成对年轻用户需求的挖掘。品牌能够在小红书上更了解用户的需求，以此来完成产品研发和技术创新。

挖掘用户需求，可以帮助品牌打造消费热点，改变用户消费习惯，创造出新的消费需求。比如，过去露营是非常小众的活动，露营爱好者寥寥无几。然而经过品牌在小红书上的"种草"，露营活动开始成为人们郊游的热门活动，露营所需的帐篷、睡袋等产品也随之变得紧俏，成为新的消费热点。

再比如，过去用户购买衣服会选择女性穿搭或男性穿搭，但在小红书上，一些品牌发起了"无性别穿搭"的概念，告诉用户男性与女性在购买服装时，可以选择这种无明显性别区分的服饰，很快，"无性别穿搭"也成了新的消费热点。

某手表品牌就因为小红书用户的自发"种草"，销量大增，成为新的消费热点。该手表品牌有一款"心月手表"，并不在中国国内发售，很多中国用户在迪拜等地买到了这款手表。买到这款手表后，这些用户出于喜欢，开始在小红书上分享这款手表的穿戴体验，没想到其他用户看到这些真实的分享，也喜欢上了这款手表。可其他用户在国内买不到这些手表，便拿着手表的图片到该品牌的线下门店询问，该品牌的线下门店将用户的需求上报给总部，总部也很惊讶这款手表如此受中国用户的喜爱，便立刻决定在国内销售这款手表。果不其然，这款手表在国内销量奇佳，成为该品牌的热门款式。

1.1.2 助力新品牌成长

一位孕妇在小红书上坦言："怀孕之前我并不喜欢小红书，

但怀孕之后我发现小红书上有很多和我一样的妈妈,她们也会偷吃零食,也有各种孕期问题,一和她们交流起来就停不下来。这些妈妈既告诉了我许多经验,也给了我很多鼓励与认同,让我不再担心身材变形问题。后来,我也把自己的孕期生活分享到小红书上,也告诉其他妈妈我的经验,我感到很快乐。"

通过这位孕妇的话,我们可以看出,小红书的社区氛围较好,用户置身其中,能收获良好的体验。具体来说,小红书的社区氛围是客观的、真实的、多元的、包容的。

小红书诞生时还不叫小红书,而是"香港购物指南"。从这个名字我们就可以看出,这个平台最初是用户分享香港及海外购物经验的平台。当时国内专柜的产品品类有限,其他电商平台上产品质量参差不齐,用户很容易买到假货,为了甄别产品真假,互相交流购物信息,"香港购物指南"应运而生。

这就奠定了小红书客观、真实的基因——为了甄别产品真假而诞生的平台,如果上面充斥着假货、谎言,必然不可能走得长远。小红书也始终专注于这一方向,致力于为用户提供真实、客观的评价和分享,并提出了"真诚分享,友好互动"这一社区价值观。

2022年5月,小红书正式上线《社区商业公约》,该公约中多次强调"打击虚假种草""反对黑灰产",要求明确品牌的权利和责任。比如,其中一条明确指出"请真实客观地介绍你的商品和服务",告诫品牌"请以用户收到的商品或服务与卖家的描述相符为标准,规范自己的商品或服务介绍以及沟通中传递的信息,不过度粉饰和夸张"。同时指出:"在一个公平的双向交换中,给用户带来符合预期甚至超出预期的体验,用户才会回报以信任和口碑,这是在小红书社区进行长期经营的真诚建议。"

此外,小红书还提出希望品牌共同遵守的价值观:真诚经营,用心创造,倡导品牌开展有创造力的商业活动,实现"商业与社区共生共赢"的成功。秉承着这样的理念,在小红书上,品牌、用户都以客观、真实的态度分享产品和生活,共同构建了一个和谐的内容社区。

比起最初以分享美妆、护肤心得为主的平台,如今的小红书早已拥有了更广泛的内容生态圈。在小红书上,我们可以看到多元化的生活方式,以及覆盖全场景的消费品类。

小红书并不排他,对新领域、新观点或是与众不同的人、事、物,都持接纳态度,这就使得小红书上存在多元化的生活方式。举一个简单的例子,一位身材较胖的女孩在小红书上发布了自己日常生活的照片,类似的照片在其他平台上总有很多"恶评",不少人会攻击女孩的身材。而在小红书上,其他用户会友好地赞美女孩,夸她很漂亮,但是为了身体健康,最好减重一些。用户进入小红书,很快便能融入其中。

根据数据平台发布的《2022年活跃用户画像趋势报告(小红书平台)》我们可以知道,小红书用户最关注的七大领域是:美妆个护、美食、母婴、家居、穿搭、宠物、减肥健身。

客观、真实、多元、包容的社区氛围,使得新品牌在小红书上能够迅速冷启动起来。在小红书上,品牌可以选择投放软文笔记,找到相应的博主,发布带有广告性质的笔记。当品牌的产品被博主"种草",笔记成为爆文后,其他博主、用户也会跟风购买,免费为品牌"种草"。

通过这些营销方式,小红书可以帮助新品牌完成精准分发—社交裂变—品牌引爆这一推广流程,并持续给予新品牌曝光,让新品牌迅速打开市场。因为新品牌可以在小红书上利用用户分享笔记进行口碑传播和名气积累,抢占用户在面临同类产品时的心智,跳出杀鸡取卵式的价格战。最终新品牌能在小红书乃至全行业达到"有口皆碑"的状态,顺利完成成长。

此外,当新品牌逐渐走向成熟与稳定时,小红书还能够帮助品牌建立新赛道。简而言之,小红书能够帮助品牌开辟全新的品类,通过"种草"的影响力继续抢占用户认知,引导用户从被动接受"种草"到主动搜索和刷新认知。

比如,某个汽车品牌,过去一直以大中型面包车闻名。通过小红书,该汽车品牌广泛宣传其小型新能源汽车,这款小型新能源汽车因为造型可爱、价格低廉且改装方便,迅速吸引了广大女性用户的注意力。很快,这款小型新能源汽车便在小红书上火起来,销量一路领先,以至于用户在想到小型新能源汽车时,会迅速想起这款汽车。这个汽车品牌可谓抢占了一个新的赛道。

小红书从不给品牌设限,而是营造了一种真实、客观、多元、包容的社区氛围。在进入小红书后,如果品牌的产品足够好,那么品牌很快便能"出圈"。

【抄作业】

- 小红书能够帮助品牌创造新的消费需求。
- 小红书助力新品成长,帮助品牌建立新赛道。

1.2 营销价值：从"种草"到"拔草"的流量闭环

小红书的第二大核心差异化价值是营销价值。

宝妈晨晨闲来无事喜欢打开小红书，看一看其他用户分享的生活。一次，她看到有个宝妈分享了自己的儿子开玩具车的视频。看到视频里的小朋友开着车玩得不亦乐乎，晨晨立刻就心动了，她的儿子正好与视频中的小朋友年龄相仿，她很想给自己的儿子购买同款玩具车，让自己的儿子也像视频中的小朋友一样开心地开车。于是，她在评论区索要了博主购买玩具车的链接，立刻给自己的儿子下单了一台同款玩具车。

通过这个案例我们可以发现，晨晨在打开小红书前，并没有购买玩具车的想法，在浏览笔记的过程中，她被其他用户"种草"，并直接"拔草"，在小红书上完成了购买。

这便是小红书独特的营销价值，无数用户在小红书上被"种草"，再经由小红书的站内交易系统"拔草"。这样品牌就将小红书上的流量转化为自身的交易额。简言之，在小红书上，品牌可以建立从"种草"到"拔草"的流量闭环。当一个平台既能够汇聚流量,又能够高效转化流量时,其营销价值便不言而喻。

1.2.1 "种草":导入流量

网络上对于"种草"的定义是"推荐某一产品给他人,以激发他人购买欲望"的行为,或是"把某种事物推荐给另一个人,让其喜欢这种事物"的行为。

事实上,"种草"并不是什么高深莫测的词汇,用一句通俗易懂的话解释,就是"在用户心中挠痒痒,让用户对产品念念不忘"。

比如,某旅行社在小红书上发布了笔记"去了趟川西,我的朋友圈被赞爆啦",笔记中分享了川西的美景,还写道:"远离城市30℃的喧嚣,去体验20℃的夏天,走不被定义的川西环线,把星河、云海、雪山、青草统统收入你的眼帘。"用户小芳一直渴望出门游玩,在都市炎热的夏季中,希望找到一个超脱世外的避暑胜地,看到这篇笔记后,她的心里就对川西这片土地留下了深刻印象,时不时就想过去玩一玩、看一看。小芳出现这种行为,就是被该旅行社发布的笔记"种草"了。

小红书与众不同的"种草"功能究竟好在哪里呢?对品牌来说有什么样的意义呢?

一、重构用户消费决策

"种草"的第一重意义是重构用户消费决策,是指通过小红书,让品牌在用户心中留下深刻印象,且这种印象能够改变用户的消费习惯和消费行为。分析"种草"流程,我们可以更直观地体悟这一点,图1-1所示为"种草"流程图。

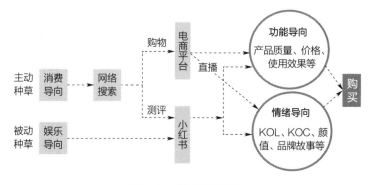

图1-1 "种草"流程图

通常情况下,在有明确的消费目标时,用户便会主动在电商平台或小红书上搜索产品。在电商平台上,用户一般被产品的功能打动,最终购买产品;而在小红书上,用户除了被产品的功能打动,还会被产品蕴含的情绪价值打动,很有可能改变自己的消费决策。情绪价值的来源,就是小红书KOL[一]、KOC[二]发起的"种草"。

举一个简单的例子,一位年轻女性用户在小红书上看到有博主"晒"出自己购买的新款手镯,一下子就被吸引了,她当即便在这篇笔记的评论区翻到了这款手镯的品牌,马上去网上店铺购买了同款手镯。在这个过程中,这位年轻女性用户的消费行为被改变了,因为在看到这篇笔记前,她根本没有想过购买一只手镯。

[一] KOL:Key Opinion Leader,关键意见领袖,通常被定义为拥有更多、更准确的产品信息,且被相关群体所接受或信任,并对该群体的购买行为有较大影响力的人。

[二] KOC:Key Opinion Consumer,关键意见消费者,是指不是专业KOL但拥有影响力的消费者。

当然，大部分情况下，用户并不会立刻购买被"种草"的产品，但在小红书笔记潜移默化的影响下，用户会记下这些产品的信息，以至于在他们需要这类产品时，会将这些产品作为首选。

比如，一个孕妇在孩子出生前，就要着手准备孩子要用的物品，如婴儿车、尿不湿、奶粉、衣服等。要购买这些物品，她需要不断地在各个平台上对比各个品牌的各种产品，不仅要看产品质量，还要看产品价格。此时，如果这个孕妇在小红书上看到一款好评率高、质量好、性价比高的婴儿车，她的心中便会对这款婴儿车留下深刻印象。当她需要购买婴儿车时，她就会立即想起这款产品，很有可能会购买这款产品。

二、精准营销

小红书是一个分享真实体验、真实生活的平台，很多用户在生活中遇到大小问题，都喜欢在小红书上分享。比如，有一位用户在小红书上发布笔记，笔记的内容是"月薪3000，朝九晚五，适合养猫吗"。虽然这位用户只有一个粉丝，但其他用户却在这篇笔记的评论区讨论得热火朝天，评论区足足有500多条评论。许多用户在评论区献言献策，有的用户说："我觉得可以，养猫一个月只需要300多元钱。"还有用户说："不适合，万一猫生病，会花很多钱。"也有用户说："有钱富养，没钱穷养。"

虽然这个例子看起来与品牌"种草"无关，但足以体现出小红书用户乐于分享、乐于交流的特点，这一特点恰好是品牌"种草"成功的关键。将这位用户的提问稍微改变一下，这篇笔记就可以成为宠物用品品牌的"种草"笔记。比如，笔记内容可以是"月薪3000元，求性价比高的猫粮""朝九晚五，陪伴宠物时间少，有什么玩具是猫咪喜欢的"等。

在小红书的流量推荐机制中，最重要的便是个性化推荐机制。"个性化推荐"是指小红书根据用户在小红书上的行为，得出用户可能喜欢的内容，为每个用户提供个性化的内容展示。具体来说，就是某位用户对什么内容感兴趣，小红书便会将什么样的内容推送给这位用户。比如，上述提问"月薪3000元，朝九晚五，适合养猫吗"的笔记，会被小红书推荐给已经养猫，或是对养猫感兴趣的用户。

这样一来，品牌就能够更精准地将"种草"笔记推送给对自身品牌或产品感兴趣的用户，比起"大海捞针"式的面向所有人群投放广告，这种精准送达目标用户的营销方式，显然更高效，成本也更低。

三、创造复利价值

对于品牌而言，在其他平台上投放广告都具有即时性。举个例子，某品牌在抖音上找到一位拥有百万粉丝的博主，拍摄了一条展示品牌信息的短视频，但在通常情况下，抖音的短视频推送都具有即时性，只会推送近期发布的短视频，所以这条短视频一般只会在三天内推送给粉丝。所以品牌与博主的合作具有时效性，曝光量也十分有限。

而小红书的内容属性和工具属性较强，许多用户将小红书当成"百度"式的搜索引擎，遇到问题便会上小红书搜索，这就使得小红书对品牌来说具有了复利价值——用户会不断翻看过往的笔记。这也就是许多品牌一年前、两年前投放的软文笔记,至今仍在影响着用户消费决策的重要原因。

在产能过剩的当下,消费者购买商品的选择非常多,品牌如果仅仅依靠传统的营销方式在各种渠道上推荐商品,已经不再能轻易获得消费者的信任,转化率太低。因此,以更为精细化、专业化的"种草"去影响消费者,能让品牌投入更低的成本,获得更高的回报。

1.2.2 "拔草":流量转化

过去,在小红书上被"种草"后,用户会退出小红书,进入电商平台寻找心仪的产品。虽然这一模式大幅缩短了营销与销售渠道之间的距离,但不免让大众认为小红书是在为他人"做嫁衣",将流量都转移到其他平台上成交去了。对此,有的品牌负责人说道:"小红书离内容很近,离电商交易还没那么近。"亿欧智库研究主管薄纯敏也谈道:"目前正品和价格优势在小红书都不是特别明显,消费者也在进化迭代。在面对一群对价格敏感、对消费更理性的年轻用户时,小红书却没有提供相应的价值,用户在被'种草'之后就会走掉。"

事实上,小红书很早就有让流量在站内转化的打算,也就是小红书不仅负责"种草",还要帮用户完成"拔草"。在这里,"拔草"与"种草"的意思相对,是指把已经产生的购物欲拔除,也就是完成购买。

早在2014年10月,小红书便正式上线了"福利社"商城,用户可以在"福利社"商城中购买自己心仪的产品。

2019年，小红书上线直播玩法，支持电商直播，品牌还可以在笔记中加上产品链接。2021年8月2日，小红书"号店一体"新规正式上线。新规规定，小红书博主只要开通"专业号"即可实现零门槛开店，并且店铺和账号合为一体。小红书用户只需要进入品牌的账号主页就能看到店铺入口，无须再通过小红书"福利社"商城进行购买，大大缩短了交易时间。2022年5月6日，小红书发布《社区商业公约》。其中最引人注目的一条无疑是"请在平台内完成交易，保障买卖双方权益"，这条公约直接点明了小红书对于站内交易的态度。至此，小红书已经基本上形成了从"种草"到"拔草"的商业闭环，如图1-2所示。

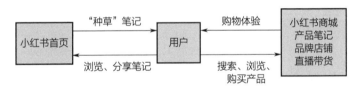

图1-2 小红书"种草"到"拔草"闭环

这个闭环还能形成循环——用户在小红书上购买产品后，还能自发地在小红书上发布笔记来分享和展示产品，进而"种草"其他用户，形成新的购买。

一、用户在小红书上"拔草"的意义

用户在小红书上完成"拔草"，对于品牌而言具有双重意义，即促进品牌产品销售和增强品牌与用户之间的沟通。

1. 促进品牌产品销售

用户直接在小红书上完成"拔草"，能够大大提升品牌的成交效率。用户在退出小红书,到其他电商平台上寻找被"种草"的产品时,往往会找不到或被其他事情打断,以至于有一部分用户最终没有产生交易行为。如果用户能够在被"种草"后立刻完成"拔草",那么这些意外情况就不复存在了。

2. 增强品牌与用户之间的沟通

用户在小红书上完成交易后,如果认为产品达到预期,有时会主动发布使用后的反馈信息;如果产品没有达到预期或出现了一些问题,大部分用户会及时与品牌联系,以挽回损失;当产品超出预期时,有些用户还会自发地在小红书上分享自己的使用体验。这样一来,品牌就可以更加迅速、直观地了解用户对于产品的使用意见,也会尽快与用户沟通。

二、小红书四大交易转化渠道

在"种草"到"拔草"闭环中,品牌有四个交易转化渠道,分别是小红书商城、产品笔记、品牌店铺和直播带货。

1. 小红书商城

小红书商城位于小红书"首页"的"购物"导航栏中,如图1-3所示。

用户在小红书上分享、浏览笔记时,如果被"种草"了,便可以直接到小红书商城上搜索品牌或产品,迅速完成购买,大大缩短了选购时间。

即使用户不看"种草"笔记,也可以直接在小红书商城上挑选产品。小红书商城上推荐的产品,是基于小红书用户的口碑推荐的,因此小红书商城上的产品深受用户推崇。比如,小红书用户小夕最近频繁在小红书商城上看到一些有趣的产品,这些产品小夕很喜欢,于是她便下了好几单。

2. 产品笔记

品牌可以在发布的笔记中直接上架自身产品或服务供用户购买,这种交易渠道就是产品笔记渠道。比如,有的品牌在笔记评论区放上产品链接,用户接受"种草"后,可以直接点击评论区的产品链接购买产品,如图1-4所示。

图1-3 小红书商城　　图1-4 品牌笔记评论区的产品链接

3. 品牌店铺

品牌店铺是品牌在小红书账号主页上设置的品牌专属店铺,如图1-5所示。用户对品牌发布的笔记感兴趣,可以随时点击查看品牌账号的主页,并进入品牌店铺挑选产品。

品牌的小红书账号升级为企业号后,品牌可以在主页实现线上店铺与线下门店一键关联,可以在店铺中展示线下门店的地理位置、营业时间、联系电话等信息,并根据用户的地理位置,为其推荐最近的门店。

4. 直播带货

当直播带货在其他互联网平台上开展得如火如荼时,小红书也利用直播为品牌打开了销路。图1-6所示为正在直播的品牌,品牌可以在直播间右下角放置产品链接,用户可以边看直播边购买产品。

图1-5 品牌店铺

图1-6 某品牌直播间

小红书的直播也与其自身风格相符,走"时尚、高端"路线,与其他平台"以主播为核心,以低价为根基"的路线不同。小红书创作号负责人杰斯曾说,小红书直播业务"不追求绝对的全网低价爆款"。为此，小红书直播设置了较高的门槛，只有粉丝数量超过5000，在过去6个月内发布过10篇或自然阅读量超过2000的笔记，且无违规行为的账号，才能行使直播权利。

品牌利用小红书的直播功能带货，也不能急功近利，需要对直播内容进行精心设计，否则很难吸引小红书用户。

通过以上四个交易转化渠道，品牌可以顺利地将用户留在小红书，缩短用户的购买决策时间，提高销售转化率。

【抄作业】

- "种草"的意义：重构用户消费决策流程、精准营销、创造复利价值、打造消费热点。
- 通过小红书商城、产品笔记、品牌店铺和直播带货四个渠道，小红书让用户在站内完成交易，成功打造从"种草"到"拔草"的闭环。

1.3 用户价值:"三高人群"聚集地

小红书的第三大核心差异化价值是用户价值。

在如今这个产能过剩的时代,品牌要想增加销量、扩大知名度,就必须研究消费者。过去以供给为导向的4P理论已经不再适用,需要转向以需求为导向的4C理论,如图1-7所示。

图1-7 消费理论的演变

小红书上的消费者就是小红书用户,品牌要想在小红书上分一杯羹,需要以用户为中心,研究用户的价值。关于小红书的用户价值,在《小红书新消费研究思路与实践专题分析报告》中,国金证券提到:"小红书成为**高价值、高影响力、高活跃度**的'三高人群'聚集地。"当一个平台上的用户具有高价值、高影响力和高活跃度这三个特性时,便意味着其用户极具价值,是品牌入驻的首选。

1.3.1 高价值

小红书用户的第一个特征是高价值。为什么说小红书用户具有高价值的特征？这一点可以从小红书的用户画像中推测出来。

什么是用户画像？用户画像是根据用户的社会属性、生活习惯和消费行为等信息而抽象出的一个标签化的用户模型。构建用户画像的核心工作是给用户贴"标签"，整个过程可以称为用户信息标签化的过程。

举个例子，某个用户经常在小红书上浏览化妆教程类的笔记，且在小红书商城中购买了许多化妆品，那么小红书就可以给这个用户贴上"爱好化妆"的标签。平台在给这个用户推荐笔记或产品时，就可以优先推荐与化妆相关的。

小红书的用户画像就是对小红书广大用户贴标签，总结出小红书用户普遍的社会属性、生活习惯和消费行为等信息。了解小红书用户的用户画像，能帮品牌了解小红书上大部分用户的需求，使品牌在小红书上的营销更精准。品牌如果不了解小红书的用户画像就贸然进入，很容易出现营销方向上的错误，造成无可挽回的损失。比如，小红书上的用户大部分为女性，有些品牌却在小红书上宣传女性很少购买的男性产品，就很容易事倍功半。

《小红书新消费研究思路与实践专题分析报告》指出，小红书用户具有三个主要特征，分别是女性化、年轻化和高线城市化，基于此，我们可以得出小红书的用户画像，如图1-8所示。

图1-8 小红书的用户画像

通过这三个主要特征我们可以得出结论:小红书用户的消费能力强,对品牌来说具有极高的价值。

一、女性化

《小红书新消费研究思路与实践专题分析报告》显示,小红书上女性用户的占比为89%,男性用户占比为11%,如图1-9所示。

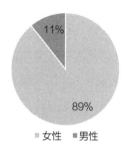

图1-9 小红书男女用户占比

几乎没有哪个平台男女用户的比例如此悬殊。女性用户在消费市场上是绝对主力,以女性用户为主的小红书比其他互联网平台更具消费潜力。

中国女性劳动参与率(15岁及以上)已经超过六成,位居世界第一,远高于世界其他各国女性劳动参与率的平均水平(48.5%)。女性经济地位的上升,意味着女性拥有了自主消费决策权,这种自主消费决策权体现在两个方面:一是女性能够决定自身的消费,二是大部分女性还能决定家庭消费。

首先,新时代的女性愿意为自己消费。在古代,人们常说"女为悦己者容",古代女性会为了取悦心爱的人而打扮自己;如今,新时代的女性已经不仅仅是为了取悦他人而打扮自己,女性梳妆打扮,更多的是取悦自己、表达自我。女性在消费时,如果认为产品能够表达自我,能够让自己更优秀、更美丽、更健康,她们就会毫不犹豫地购买产品。数据显示,2021年女性悦己消费占比显著提升,悦己消费金额占比达到54%,成交金额同比增长近三成,其中教育培训、本地生活、旅游出行和健康服务的成交金额增速最快。

其次,当前越来越多的女性主导着家庭消费决策,尤其是在美容、母婴、食品、服饰、家居日用、旅游等领域。比如,超七成中国家庭旅游消费的决策由女性做出。通常情况下,在中国家庭里,大部分女性掌管着"财政大权",是家庭消费的主要实施者。女性虽然不是男性、儿童或老年人等人群相关产品的使用者,但却是这些产品的目标消费者,因为女性会帮自己的丈夫、孩子和父母购买他们需要的产品。比如,婴儿车的使用者是孩子,但婴儿车品牌的目标消费者却是孩子的妈妈。

女性的购物频率和活跃度明显高于男性,通常情况下,女性的购物欲望比男性强,女性更喜欢"买买买"。同时,女性在购买产品时,往往更注重产品的质量、外观、价格等特性,所以女性会花费更多时间和精力去挑选产品。在挑选产品时,女性也更喜欢参考他人的意见。腾讯营销洞察联合波士顿咨询公司发布的《2020中国"社交零售"白皮书》显示:56%的女性易被社交媒介激发兴趣,尤其是内容类电商社区和短视频平台。

既乐于消费,又能够被激起消费兴趣的女性,占据小红书超过80%的用户比例,足以证明小红书用户极具消费潜力。

二、年轻化

小红书用户的第二个特征是年轻化。图1-10所示为小红书用户的年龄占比。其中,18~30岁的年轻用户占比合计69%,足以证明小红书上年轻用户更多。

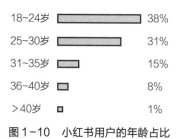

图1-10 小红书用户的年龄占比

年轻人更喜欢在网上"买买买",并且消费能力很强,原因主要包括以下三点。

首先,相较于已经有了家庭的中年人,年轻人不需要承担家庭开支,自己赚的钱自己花,消费时没有负担;其次,年轻人与互联网一同成长,更习惯于在网络上消费,对互联网有着天然的适应力;最后,当代年轻人的消费习惯已经从满足日常所需走向满足更多元化的情感需求,容易接纳和喜爱各种产品,容易被"种草"。

三、高线城市化

从地区分布来看,小红书用户主要居住在一、二线城市,数据平台发布的《2022年活跃用户画像趋势报告(小红书平台)》显示,50%的小红书用户分布在一、二线城市。以省来划分,广东省小红书用户占比为18.2%,上海市小红书用户占比为10%,北京市小红书用户占比为8.5%,如表1-1所示。

表1-1 小红书用户各省占比

小红书用户各省市占比(部分)									
地区	广东省	上海市	北京市	浙江省	江苏省	四川省	山东省	福建省	湖北省	河南省
占比	18.2%	10.0%	8.5%	8.4%	6.9%	5.1%	4.6%	3.8%	3.3%	3.2%

50%的用户分布在一、二线城市,意味着大部分小红书用户的消费能力比较强,且具有较强的消费意愿,能够在被"种草"后,不过分纠结产品的价格。对于高端品牌而言,入驻小红书是不错的选择。

综合以上三个特征,我们可以知道小红书用户具有高价值的特征。

1.3.2 高影响力

小红书用户的第二个特征是高影响力。

这种高影响力表现在大量 KOL 和 KOC 涌入小红书,打造出具有影响力的爆文,令其他用户信服。图1-11所示为小红书 KOL/KOC、用户、品牌三者之间的影响关系。

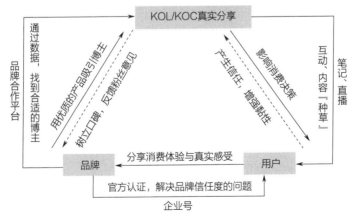

图1-11 小红书 KOL/KOC、用户、品牌三者之间的关系

在小红书上，基于 KOL 和 KOC 的真实分享，用户很容易被影响，从而购买品牌的产品。比如，有一位只有 82 个粉丝的 KOC 在小红书上发布了一条笔记，分享自己花了不到 200 元就买下了一台拍立得的经过，一时间，大量用户涌入该 KOC 分享的店铺，希望以同样的价格购买一台拍立得。这个案例足以说明，在小红书上，哪怕只是一个普通用户，也具有极大的影响力。这篇笔记最终获得了一万多点赞，有近 2000 人参与评论。售卖拍立得的店铺火爆一时。

这就是小红书与其他平台的不同之处。小红书上的任意用户，哪怕只是刚刚注册的账号，其发布的笔记只要蕴含有用信息，都有可能成为爆文。品牌根据小红书的这一特点，可以广泛地与 KOC 合作，用比较低的广告成本，换取较高的回报。

我曾经辅导过一个新品牌，这个品牌主营床上四件套。在品牌启动阶段，品牌资金不足，没有能力请粉丝量多的 KOL 帮助他们宣传。当时，我告诉这个品牌的负责人，不需要请 KOL，只需要广泛地邀请一些比较活跃的、与品牌目标用户群体重合的 KOC 来宣传即可。随即，该品牌的负责人邀请了近百位普通用户，主要是大学生，因为该品牌的目标用户群体就是大学生，然后让这些大学生用户发布笔记，分享自己使用该品牌床上四件套的真实感受。果不其然，这次营销活动最终取得了很大成功，在这近百位普通用户中，有数十位用户发布的笔记成为爆文。其他用户很快涌入该品牌的小红书店铺，使得该品牌床上四件套的销量大增。

由此可见，小红书用户具有高影响力的特征，运用好这份影响力，我们就可以降低品牌营销成本，提升品牌营销转化率。

1.3.3 高活跃度

小红书用户的第三个特征是高活跃度。

高活跃度是对用户在小红书上的浏览量、点赞量、评论量、收藏量、停留时间、交易行为等用户行为的综合评估。小红书用户既喜欢发布笔记分享自己的生活,也喜欢点赞、评论其他用户发布的笔记,由此铸就了高活跃度的小红书。

用户的活跃度越高,在小红书上花费的时间就越长,其黏性就越强。黏性越强,用户对小红书的依赖度、忠诚度就越高。

小美是小红书的忠实用户,每天使用小红书的时间超过两个小时。她说道:"每天我都会下意识地打开小红书,看看那些和我一样的年轻女性都在干什么,有哪些苦恼与困惑,我时常能在其他用户发布的笔记中找到自己生活的影子。比如,最近我在相亲,我时常在小红书上看到许多和我有着类似相亲经历的姐妹。"

除了小美,还有许多用户纷纷表示自己的生活已经离不开小红书了,比如,遇到不会做的菜,就会到小红书上查找菜谱;需要化特定的妆容,也会到小红书上搜索如何化出这样的妆容;在情感上遇到问题需要倾诉时,也会到小红书上发布笔记;给家里的小猫、小狗拍了可爱的照片,也会第一时间分享到小红书上……

在年轻人的成长过程中,各种各样的问题困扰着他们:学习、工作、结婚、生子……面对这些问题时,过去他们只能和身边的朋友、同学、同事交流,这些人能够提供的建议有限,往往不能给予他们很大的帮助。然而有了小红书之后，来自世界各地、拥有各种学识、从事各种工作、处于各种境遇的人都可以给出建议，这些建议更加全面、中肯，能给予用户真实的帮助。

比如，有的用户在小红书上发布如何与上司、公婆等人相处的问题，其他用户看到后，会根据发布者的情况，结合自身经验，为其提供具有参考性的意见和建议。得到建议的用户也会尝试着按照建议去做出努力，最终取得了不错的效果。有用户坦言道："在小红书上，我就像是有了无数个知心姐妹，遇到问题，她们会无条件帮助我。"

同时，小红书还成了众多用户搜寻答案、解决问题的重要场所。有的用户甚至坦言："过去一年我使用小红书搜索答案的频率已经超过了使用搜索引擎的频率。"

当用户把小红书当成一个充满爱与温暖，能够解答问题的场所时，他们自然愿意相信小红书上的品牌，愿意被"种草"。

由于小红书用户具备高价值、高影响力和高活跃度这三大特性，因此在当今这个以用户为中心的消费市场中，小红书是品牌入驻的首选平台。

【抄作业】

☼ 小红书用户的高价值＝强消费力。

☼ 小红书用户的高影响力＝容易"种草"。

☼ 小红书用户的高活跃度＝黏性高，用户对小红书的依赖度、忠诚度高。

第 2 章

流量开关：
小红书的机制与规则

　　无规矩不成方圆。在任何平台上掘金，品牌都要了解和遵守平台的机制与规则。品牌若遵守小红书的机制与规则，就打开了"流量开关"，引爆流量；品牌若违反小红书的机制与规则，就关闭了"流量开关"，使流量受限。与其临渊羡鱼，不如退而结网。品牌在正式运营小红书账号或与小红书博主合作前，需要先了解小红书的机制与规则，打开"流量开关"。

2.1 三大流量推荐机制

兵马未动,粮草先行。品牌在入驻小红书前,首先要做的是洞悉小红书的流量推荐机制。小红书的流量推荐机制主要有三种,即个性化推荐机制、社交裂变推荐机制和关键词推荐机制。需要注意的是,这三种流量推荐机制并不是各自为战的,在用户长久使用小红书的过程中,这三种流量推荐机制会逐渐融合,为用户推荐最符合其心意的内容。

2.1.1 个性化推荐机制

小红书的第一大流量推荐机制是个性化推荐机制。"个性化推荐"是指小红书根据用户在小红书上的行为,得出用户可能喜欢的内容,为每个用户提供个性化的内容展示,这也是所谓的"千人千面"算法。小红书推行"千人千面"算法的最终目的是为每位用户提供自己所需的内容。

个性化推荐机制是小红书最主要的流量推荐机制,主要从五个方面向用户推荐内容,即兴趣推荐、频道推荐、用户行为推荐、关注推荐和地域推荐。

一、兴趣推荐

在用户注册小红书账号时,小红书会要求用户选择感兴趣的内容,包括"时尚穿搭""食谱""明星"等十五种类型,且要求用户至少选择四种类型,如图2-1所示。

图2-1 注册小红书需选择感兴趣的内容

小红书旨在根据兴趣,为用户生成私人定制的小红书。用户选择完感兴趣的内容后,小红书就会根据这些选择推送相关的内容。比如,用户选择了"食谱"这一兴趣后,小红书就会在推荐页面频繁推荐制作美食的笔记。

二、频道推荐

用户在打开小红书发现页后,可以看到发现页的横向频道清单,点击频道清单,可以发现有许多可以选择的频道分类,如图2-2所示。

用户可以根据自身的喜好查看各个频道中推荐的内容，通常，各个频道中推荐的笔记都是该频道中比较热门的笔记。比如，用户点击"手工"频道，能够看到这一频道中点赞量较高的笔记，如图2-3所示。

图2-2　小红书主页频道分类　　图2-3　"手工"频道推荐笔记

三、用户行为推荐

用户在使用小红书时产生的行为会被系统记录下来，比如用户上次观看过什么内容，在每篇笔记中停留了多长时间，对笔记的转发、评论、收藏、点赞等行为。系统记录下这些行为后，就会为用户设置标签，根据这些标签，给用户推送他们可能感兴趣的内容。

例如，用户在小红书上完整地观看完一篇美食制作类视频笔记后，系统就会认为该用户对美食制作类笔记感兴趣，就会多推荐此类笔记给该用户。

四、关注推荐

关注推荐是指小红书用户关注了博主后，系统会在关注页面推送其关注博主的最新动态，如图2-4所示。

图2-4 关注博主动态推荐

关注代表用户对博主的喜爱，为了方便用户查看已关注博主的笔记，博主每发布一篇笔记，系统都会立即将这篇笔记推送给关注了博主的用户。

五、地域推荐

在小红书主页上,除了"关注"和"发现"这两大板块,还有一个"附近"板块,如图 2-5 所示。

图 2-5 附近推荐内容

当用户点击"附近"板块查看内容时,系统会要求用户打开位置权限。如果用户进行了位置定位,主页上的"附近"两个字会变成用户所在城市的名称,这个板块推荐的所有内容都将变成该城市博主发送的笔记,且这些笔记会按照博主距离用户的远近排序,离得越近,位置越靠前。如果用户不打开位置定位,那么将无法开启"附近"板块。

以上五种推荐方式共同构成了小红书个性化推荐机制,为每位用户打造了属于自己的小红书乐园。

2.1.2 社交裂变推荐机制

小红书的第二大流量推荐机制是社交裂变推荐机制。社交裂变是指通过点赞、收藏、转发等常见的社交方式,让笔记达到"一传十、十传百"传播效果的推荐机制。看到这里也许有人会问,这些社交方式是用户在使用,小红书如何利用这些社交方式给用户推荐内容呢?

事实上,用户的点赞、收藏、转发等社交方式,系统都可以加以利用。具体而言,小红书社交裂变推荐机制主要有两种优先推荐方式,即根据关注博主点赞推荐和根据数据效果推荐。

一、根据关注博主点赞推荐

如果用户关注的博主点赞了某篇笔记,那么系统就会将这篇笔记推荐给用户。品牌如果想让自己发布的笔记进入更多用户的视野,可以邀请粉丝画像与品牌目标人群一致的博主给品牌点赞,这些博主的粉丝也能看到品牌发布的笔记。

二、根据数据效果推荐

数据效果好的笔记,能够引发系统的高度推荐。这一点在刚注册的小红书账号上体现得尤为明显。对于刚刚注册小红书的新用户,系统只能知晓其选择的感兴趣笔记的类型,并不知道用户具体喜欢什么样的笔记。此时,数据效果好的笔记便是推荐首选,如图2-6所示。

系统这样推荐的原因主要有两个:一是这些数据效果好的笔记内容质量较高,受到了广大用户的喜爱,比起其他数据效果不好的笔记,更容易获得新用户的喜欢,将新用户留在小红书;二是大部分人都有从众心理⊖,看到数据效果好的笔记,也会情不自禁地点击查看笔记,看看到底是什么样的内容能够

⊖ 从众心理:指个人受到外界人群行为的影响从而改变自己的想法或行为。

获得这么多用户的点赞、收藏和转发。

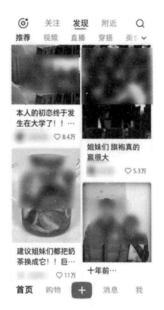

图2-6 给新用户优先推荐数据效果好的笔记

比如，收藏量达到一万、点赞量达到一万、转发量达到两万、浏览量达到百万的笔记，都更容易获得系统的高度推荐。

基于社交裂变推荐机制，品牌可以多打造一些能够提高点赞量、收藏量、转发量等数据的笔记，比如攻略、生活合集、教程等方面的笔记。

2.1.3 关键词推荐机制

小红书的第三大流量推荐机制是关键词推荐机制。关键词推荐机制是小红书在搜索页面上运用的推荐机制。用户在小红书搜索页面搜索关键词，会出现许多与之相关的笔记。通常情况下，用户会点击搜索结果中排名靠前的笔记查看，搜索排名并不能依靠增加笔记互动量等人为手段进行干预,而是受笔记中的关键词影响,这就是关键词推荐机制。

每天都有大量的用户在小红书上搜索自己感兴趣的话题,这些目的明确、需求清晰的用户的转化率不容小觑。同时,小红书上的笔记可以不断被搜索,不断被推荐,随着时间的推移,笔记的曝光量不断增加。

如果品牌能够让与自身相关的笔记搜索排名靠前,就意味着品牌的曝光率、销售转化率将无限提高。那么,品牌怎么才能提高笔记搜索排名呢?品牌要想让与自身相关的笔记排名靠前,需要知道哪些关键词是必须设置的,将这些关键词设置到位,才能让笔记的排名往前移动,让更多用户看到。关于如何在笔记中设置关键词,我在第 3 章中写明了具体方法,此处不再赘述。

品牌在设置关键词时,必须同时设置主关键词和细分关键词。

一、主关键词

主关键词是指那些用户搜索频繁、限定范围较广的词,如"夏季""防晒"等,搜索之后就能出现大量笔记,如图 2-7 所示。

大部分用户在搜索时,都只会搜索主关键词。比如,用户想知道哪些眼影比较好用,便会直接在小红书上搜索"眼影"这个词,然后根据搜索结果点击查看自己感兴趣的笔记。这样一来,品牌在主关键词上的竞争就会非常激烈,如何让自己的笔记排名靠前,且更令用户感兴趣呢?品牌在设置了主关键词后,还需要设置细分关键词。

第 2 章 流量开关：小红书的机制与规则

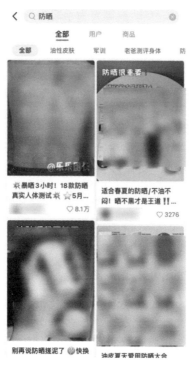

图 2-7 搜索"防晒"出现的页面

二、细分关键词

有一位品牌负责人曾告诉我，他在小红书上砸了 60 万元，结果血本无归，不仅没有卖掉多少产品，品牌的知名度和影响力也没有提升。在分析了他的营销推广方案后，我发现了问题所在：该品牌在投放广告时只设置了主关键词，这就相当于在红海中竞争，与大量的同类品牌竞争，却丝毫没有突出自身特色。

由此可见，设置细分关键词至关重要。设置细分关键词又可以称为"蓝海战略"，是指品牌将原本竞争很激烈的主关键词加上更具体的形容词，让限定范围较广的主关键词变成限定范围较窄的细分关键词。比如，将"眼影"这个主关键词加上更具体的形容词，变成"眼影画法新手""眼影盘排行榜""眼影盘大地色"等，就能更加精准地吸引用户。有的用户此前并不熟悉眼影画法，他们想学习眼影画法，便会有很大概率点击细分关键词"眼影画法新手"查看具体内容。

在"眼影画法新手"这个细分关键词下，还有大量的相关笔记，如图2-8所示。

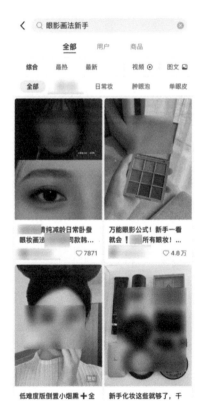

图2-8　搜索"眼影画法新手"出现的页面

如何让用户进一步锁定品牌发布或投放的笔记？品牌还可以将细分关键词进一步细分，加入需求词，常见的需求词包括推荐、知识、分享、如何、搭配、怎么做、必备、教程、技巧、步骤等。在笔记标题中加入需求词，能够提升笔记被搜索到的概率。

在图2-8中，排在第二位的笔记的标题就使用了大量的需求词：万能眼影公式！新手一看就会！掌握所有眼妆！这个标题能瞬间激起用户的需求，让用户想立刻查看笔记内容，并学会眼影画法，真正学会化所有眼妆。将标题中的关键词优化到位，能够让笔记搜索排名靠前，获得更多用户的青睐。

掌握小红书的三大流量推荐机制后，品牌就可以据此打造出更容易被推荐的笔记，扩大自身的影响力。

【抄作业】

- 小红书的个性化推荐机制包括兴趣推荐、频道推荐、用户行为推荐、关注推荐和地域推荐。
- 小红书的社交裂变推荐机制包括根据关注博主点赞推荐和根据数据效果推荐。
- 在小红书的关键词推荐机制中，关键词可分为主关键词和细分关键词。

2.2 两大平台运营机制

在小红书上,流量推荐机制固然重要,但平台运营机制也影响深远。洞悉平台运营机制,遵守平台运营规则,品牌才能在小红书上走得又远又稳。小红书的平台运营机制主要包括小红书账号权重机制,以及需要遵守的小红书社区公约。

2.2.1 账号权重机制

为什么有的笔记一经发布,马上就会被广泛传播,迅速被推上热门,而有的笔记发布后却始终无人问津,排位十分靠后?有些品牌认为这是笔记内容导致的,但实际上在小红书上还存在一些隐形机制,使得每个博主、每篇笔记的数据效果差异巨大。这些对博主和笔记数据效果产生巨大影响的隐形机制,可以统称为权重机制。

权重机制影响着小红书上的所有账号,权重较高的账号,会得到更多的流量扶持,获得更多推荐,发布的笔记能够获得更多的曝光。因此品牌无论是运营自身账号,还是与其他博主合作,都需要关注账号的权重,以帮助品牌扩大知名度和影响力。

小红书账号的权重受很多因素影响,主要体现在以下五个方面。

一、账号活跃度

品牌在运营自身账号以及选择与博主合作时,都需要关注账号的活跃度。活跃度越高的账号权重越高,活跃度越低的账号权重越低。如果品牌在运营账号时,长时间不登录账号,或者登录后不进行其他操作,那么小红书就会认为该账号已被放弃,会降低该账号的权重。

如何提升账号的活跃度呢?品牌需要经常发布笔记、浏览其他笔记,适当地做出点赞、评论、收藏等行为,多方面提升账号的活跃度。需要注意的是,品牌账号往往代表着品牌的形象,品牌在提升自身账号活跃度时,也不能为了提升账号活跃度而做出违背品牌利益的行为,比如随意点赞观点有失偏颇、容易引起争议的笔记。

二、账号操作是否过于频繁

品牌操作账号的频繁程度也影响账号的权重。操作过于频繁,也会降低账号的权重。比如,有的品牌发布了一篇笔记后发现数据效果不理想,便频繁地更改这篇笔记中的关键词,导致小红书判定该账号操作过于频繁,即使多番更改关键词,最终笔记的数据效果也不理想。

三、笔记质量

笔记内容质量越高,品牌账号越能吸引用户关注、点赞、收藏、评论,如此一来,就会带动品牌账号权重的提升。

如果品牌只在账号运营上下功夫,不将工作重点转移到打造优质笔记内容上来,将很难吸引、留住用户。

四、是否遵守平台规则

品牌账号的权重低,还有可能是品牌违反了小红书的平台规则。品牌在小红书上拓展用户,就要遵守小红书的规则,否则将会受到相应的惩罚。

在这里,我总结了一些常见的账号违规与产品违规事项,品牌可以依此对自身账号进行检查。

1. 账号违规

账号违规主要包括以下四种情况。

(1)用一部手机登录多个账号。

(2)账号名字涉嫌广告及违规。

(3)在主页简介中有微信号等一些其他平台的信息。

(4)将二维码放在头像中。

2. 产品违规

产品违规主要包括以下六种情况。

(1)发布有关色情、赌博的信息,或者涉及政治的信息。

(2)发布法律上禁止出版的内容,包括文字、视频等。

(3)发布带有脏话等不文明语言字眼的内容。

(4)发布欺诈、侵权类信息。

(5)宣传违规的网络游戏。

(6)发布偷拍、炒作等内容的信息。

如果品牌发现自身账号出现异常,首先应该对照这些规则一一排查自身近期发布过的笔记和账号本身。如果发现存在违规情况,则需要即时对违规笔记进行修改或删除,对账号中的违规信息进行处理，以免进一步扩大违规造成的影响。

在将可能的违规因素一一排查并重新调整后，如果账号的权重依旧较低，品牌也不必着急，可以在不再违规的前提下发布一些高质量的内容，以吸引用户关注的方式，来提高账号的权重。

五、品牌是否发布营销推广广告

2021年7月底小红书宣布，自8月1日起，小红书将全面清理达人带货外链和营销推广软文。这一举措是小红书为了进一步发展做出的慎重选择，没有哪一个用户喜欢充斥着各种广告的平台，如果不限制平台上的广告推广，小红书很快就会被广告信息淹没，然后被用户抛弃。只有营造出良好的社区文化氛围，小红书才能维系和吸引用户。

品牌如果不经过报备，便在小红书上发布营销推广广告，则很有可能会被系统识别出来，导致账号权重降低。品牌需要慎重发布带有明显营销推广信息的内容。

2.2.2 小红书社区公约

2021年4月，小红书发布了全新的《小红书社区公约》，明确规定了哪些事情是品牌不能做的，其中有四条红线是品牌不可触碰的，品牌一旦触碰了这四条红线，将造成严重后果。

一、抄袭/搬运他人笔记

小红书一向对笔记内容的原创性要求很高，抄袭、搬运其他品牌或用户的笔记，在小红书是被禁止的。小红书要求笔记正文、图片、视频都为原创，不能带有其他平台的水印。

对于品牌而言，即使小红书不对抄袭、搬运他人笔记做出规定，品牌也不应该抄袭、搬运他人笔记。品牌账号与个人账号不同，品牌账号具有权威性，影响力更大，代表着品牌的形象，如果用户看到品牌抄袭、搬运他人笔记，对品牌的印象会大打折扣。品牌抄袭、搬运他人笔记，还侵犯了他人的知识产权，属于违法行为，严重时可能被原创者起诉。

因此，在进行内容创作时，品牌不要抱有侥幸心理，试图抄袭或搬运他人笔记。品牌可以借鉴他人做法，结合自身品牌特色进行重新创作。

还有一种行为也有可能被小红书平台判定为抄袭、搬运笔记，就是品牌重复发布同一篇笔记。品牌需规避这一行为。

二、数据造假

品牌运营小红书账号不可对数据造假。这条红线看起来并不会造成严重后果，因此很多品牌都会这样做，比如，与第三方机构合作，通过金钱交易的方式来增加笔记的点赞、评论、收藏和转发等数据，让笔记看起来非常火爆。

这种方式虽然会让品牌笔记的数据看起来很好，但很快便会被小红书系统审核出来，审核完后，小红书系统会对品牌账号进行降权重或警告等处理，对于品牌来说得不偿失。

另外，数据造假可能会在短期内提升品牌热度，但如果品牌发布的笔记内容质量欠佳，数据却非常好，则很容易受到用户诟病。

三、内容中含有限制词

品牌在打造笔记内容时，要了解清楚小红书平台笔记内容的限制词，除了不可以出现微信、抖音等其他平台的引流内容以外，一些高敏感、高风险的词汇同样会为笔记内容曝光、传播等带来影响（见表2-1）。

表 2-1 常见限制词

常见限制词——绝对化用语								
最	××级	顶/鼎	领	极	绝	第一/1	首	其他绝对化用语
最高	国家级	顶尖	遥遥领先	极致	绝版	第一/1	首个	销冠/销量冠军
最大	国际级	顶端	世界领先	极品	绝佳	NO.1	首选	无敌
最奢侈	世界级	顶级	领先上市	极佳	绝对值		首款	空前
最佳	全球级		领袖	终极	绝对超值	TOP级	首家	无双
最具	千万级	定鼎	领导品牌		绝后	全网/全国/中国第一	全网/全国/全球首发	完美
最爱	百万级	问鼎	引领		空前绝后	销量第一	首席	100%/百分之百
最优	甲级	顶级	创领		绝不再有	排名第一	首府	填补国内空白
最新	特级		领航			第一品牌	首次	万能
最好	冠军级						首屈一指	永久
最科学	宇宙级							独家、祖传
最先进								免检
最低								王牌、××之王
								特供、专供

表 2-1 中的限制词同样也是广告法中严禁出现的词语，需要品牌严格规避。同时，没有向小红书官方报备的笔记，也应该尽量减少广告宣传性质的表述用语，比如"这款精华液

具有非常好的美白效果""这款祛痘膏功效非常强大",未报备却含有这类广告描述语的笔记不能在小红书平台收获良好的曝光效果。

四、发布不良信息或引人不适的内容

《小红书社区公约》中明确规定,不能发布不良信息或引人不适的内容,比如社会负面信息、暴力恐怖信息、人身攻击信息、假冒伪劣信息、伪科学信息、色情低俗信息、赌博诈骗信息等。

有的品牌为了获取流量,会在笔记中哗众取宠地添加一些不良信息,这些不良信息容易对心智不成熟的低龄用户产生影响,也容易形成不好的舆论导向,对品牌自身、对小红书平台、对社会都会产生恶劣后果。

含有不良信息或引人不适内容的笔记,很可能在审核阶段就被小红书平台判定为违规笔记,或者发出不久后便被用户举报,被平台判定违规,责令删除。

品牌在小红书上运营账号,必须遵守《小红书社区公约》,不能触碰红线。

【抄作业】

- 小红书账号权重机制受账号活跃度、账号操作是否过于频繁、笔记质量、是否遵守平台规则、品牌是否发布营销推广广告影响。
- 品牌需要遵守《小红书社区公约》。《小红书社区公约》中有四条不可触碰的红线:抄袭/搬运他人笔记、数据造假、内容中含有限制词、发布不良信息或引人不适的内容。

2.3 笔记"三率"提升规则

经常会有品牌负责人问我：

为什么我投放或发布的笔记的点击率怎么也提升不上去？

为什么笔记阅读量很高，却总是没有多少人与我互动？

为什么我明明产出了爆文，成功引流，转化率却总是异常惨淡？

这是因为小红书笔记的点击率、互动率和转化率有其固有的提升规则，如果品牌不遵循这些规则行事，就会出现上面所说的情况。

在小红书上，除了已经成文的平台机制外，还有一些虽然没有明确公布却早已约定俗成的规则。其中最重要的就是关于小红书笔记点击率、互动率和转化率（我们简称为"三率"）的提升规则，这些规则对于品牌在小红书上获取流量至关重要。

品牌如何提升小红书笔记的"三率"呢？

2.3.1 点击率提升指南

在我们讨论如何提升品牌小红书笔记的点击率之前，我们要清楚用户的点击行为是如何产生的。通常是用户从发现页刷到笔记后，产生想要点击阅读相关笔记的兴趣，并付诸行动，点击行为就此发生。据此行为逻辑，点击率的计算公式如下：

$$点击率 = 阅读量/曝光量$$

简单理解即是某一篇笔记曝光到100个人的发现页中后，如果有10个人在看到笔记时选择点击，那么该笔记的点击率就是10%。通常，不同行业、品牌、产品或首图形式的笔记，点击率各不相同。根据小红书平台的大盘数据，笔记的平均点击率为8%，因此，如果一篇笔记的点击率低于8%，则说明该笔记的点击率偏低，需要品牌查找原因，提升笔记的点击率。

许多品牌在发布笔记的时候会遇到一个问题，那就是自己的笔记内容明明没有违规，但是点击率就是非常低。事实上，品牌笔记点击率低的原因有很多，但最重要的影响因素无外乎笔记的标题、主图（视频封面），或者笔记内容。这里便从这三个方面进行重点解释。

一、标题

造成点击率低的标题问题主要集中在三个层面：第一，标题只是产品名称，没有任何产品亮点，广告感强烈；第二，标题语句不通顺，或者关键词冗杂，并没有起到吸引人的作用；第三，标题学术感太强，使用了专业、生涩的名词，比如产品成分的学名等，与目标用户拉开了距离。

品牌应该明白，用户来到小红书的目的并不是看广告和专业科普，因此品牌笔记的标题一定要有看点，能吸引用户点击。要打造出有看点的标题，品牌可以从四个方面着手：第一,巧用疑问句和感叹句,包含情绪的语言更吸引人;第二,顺应时下热点内容,学会"借势营销";第三,巧用数字,数字表达往往能更快地抓住用户眼球;第四,利用共同的特点和身份的认同感,引起目标用户群体的共鸣。具体内容我们将在后文中详细讲解,此处不再赘述。

二、主图(视频封面)

造成点击率低的主图(视频封面)问题主要集中在四个层面:第一,过度凸显产品,且主图与标题关联性较弱,生拉硬扯;第二,画面低质,没有彰显出太多的价值;第三,图片混乱,想呈现的信息太多太杂,但往往让别人无法理解;第四,场景失真,或直接套用其他平台风格,搬运痕迹太过明显。

无论是标题还是主图(视频封面),都要尽量贴近目标用户的真实需求场景,将用户需求和痛点作为切入点,再结合差异化和新奇特的呈现形式。这样的分享对用户才更有吸引力和引导力,有助于提升品牌的好感度。图2-9所示为广告感过强的主图。

图2-9很明显是专业摄影师拍摄的广告大片。如果品牌选择用广告大片、产品商业照等图片作为笔记的主图,那么整个笔记内容的广告感会非常强烈,目标用户的接受度就会很低。当他们在瀑布流的信息中看到这类看似精美却加工痕迹过重的广告图时,大概率会随手划过,他们很难对随处可见的广告图产生进一步了解的兴趣。

然而,同一品牌的另一篇笔记(见图2-10)却收获了更好的点击率。我们来看这篇笔记的封面图,品牌将画面定格在了手工制作的一帧,这样的场景极具生活气息,没有太重的商业加工感,从而拉近了与目标用户群体之间的距离。同时,这样的画面在突出"刺绣"这一笔记重点内容的同时,也留下了许多悬念:这是在制作什么?这件衣服最终会是什么样子?让对该手工艺服装感兴趣的目标用户瞬间产生进一步了解的兴趣,自然便会主动点击查看。

图2-9 广告感过强的主图

图2-10 主图(视频封面)正面案例

三、内容

造成点击率低的内容问题主要集中在以下五个层面。

1. 品牌账号"装人"

品牌账号"装人"是指品牌用非真实经历推广产品,进行虚假宣传。简单来说,就是品牌账号以真人口吻讲述个人经历进行产品推荐,且未明确注明内容转载自他人。

2. 假科普

假科普是指品牌账号在无有效证明方式的情况下套用伪科学，将产品功能结合未经实验或公证的方法进行不实宣传。这种笔记很快便会受到用户的质疑，不仅点击率低，还会破坏品牌在用户心中的形象。

3. 乱用"梗"

品牌使用一些并不合适的"梗"，看似追赶潮流，但是与内容的衔接并不流畅，让用户觉得很生硬。

4. 搬运体验介绍

品牌的笔记内容涉嫌搬运其他账号的真人/效果图/产品实拍图片的种草体验介绍。在这种情况下，平台对第一个发布该笔记内容的账号不处罚，对其他账号会按盗用处理。

5. 异常账号协作

异常账号协作是指品牌使用多个账号发布多篇内容相同的笔记，且邀请了多个品牌运营账号发表非真实评论。

笔记中出现上述行为后，大概率会被打上"流量轻度作弊"的标签。流量轻度作弊的标签是反作弊组机器模型筛选抽检出来的，由机器判定。为了避免被打上"流量轻度作弊"的负面标签，品牌专业号应该避开以上五种错误行为，输出真实、负责任的内容。

事实上，高点击率的笔记无论是标题还是图片，抑或是内容文案，都是贴近用户真实需求的。我们通过笔记分享的不只是产品，也是产品带给我们的感受和对我们的生活方式的影响，这样的分享更有利于对用户种草和引导用户下单购买，品牌也会因此取得更高的好感度。

2.3.2 互动率提升指南

互动率是品牌在运营小红书专业号时需要关注的另一个重点数据。在小红书平台，互动率和笔记的点赞、收藏、评论这三项有关。

一、品牌为什么要关注笔记的互动率

由于点赞、收藏、评论这三项互动行为能直接反映在所有看到相关笔记的人群中，有哪些人最有可能成为我们的目标用户群体，因此，品牌可以从互动率上感知笔记的内容是否合格，及时发现问题、解决问题。品牌可以利用薯条对自己的笔记做互动率的测试，设定好测试持续时长，以"提高阅读量"为目的，以"智能人群"为测试范围，计算笔记的互动率。互动率的计算公式如下：

$$互动率 = （点赞+收藏+评论）/阅读量$$

薯条的曝光功能，是在我们选择的限制条件下，由系统匹配对相关笔记内容感兴趣的活跃用户，然后将指定笔记曝光给他们，所以，这些匹配用户中有多少人被笔记内容吸引并且愿意参与互动，直接体现了相关笔记成为小红书爆文的可能性。

根据对小红书大数据的研究，当一篇笔记在薯条曝光后的互动率仍然小于2%的时候，该笔记成为爆文的可能性极低。有些人可能会对此充满疑问：明明笔记的点击率不错，为什么互动率仍然不够理想？

这时，品牌应该对笔记内容进行自查，重新审视笔记的标

题、图片、文字等内容元素，思考其是否能为目标用户群体带去应有的价值。比如，笔记内容是否与标题、首图无关？是否对目标用户有价值，具备代入感？是否为目标用户提供了讨论空间？目标用户参与讨论的门槛是否过高？

二、影响互动率的两大因素

影响互动率的因素主要有以下两点。

1. 文不对题

图2-11所示是某品牌发布的一篇笔记，这篇笔记属于典型的文不对题型笔记。为什么这样说呢？用户一看到这篇笔记，就会看到图片中人物的穿搭，标题中也点出了"清凉穿搭"四个字。但品牌发布这篇笔记的最终目的是推广保温杯，

图2-11 某品牌笔记

当用户因为穿搭点击查看笔记后,却发现实际的笔记内容文不对题,并非自己想要看到的内容时,自然便不会产生互动行为。最终这篇笔记仅有 8 个点赞,收藏与评论数均为 0。

与此同时,我们也不难发现,在推广保温杯的笔记强蹭穿搭类目的热点之后,也会给系统判断品牌账号的目标用户群体带来困难。这种文不对题,甚至可以被称为"标题党"的笔记,不仅无法为品牌带来真正有价值的关注度,还会影响系统判定,可谓得不偿失。

因此,品牌在打造笔记内容时,不仅仅要考虑标题及首图的热度与精美度,还要关注它们与笔记内容的关联度。只有标题、首图等信息均与笔记内容重点相对应,才能吸引真正与品牌相对应的目标用户群体,并且激发他们进一步参与互动、了解并关注品牌账号的兴趣。品牌还需要注意的是,在一篇笔记内尽量不要堆砌太多的宣传点,只要能从一个高关联度的切入点出发,创作出优质的内容,就可以达到"种草"的效果。

2. 内容空洞

内容空洞也是笔记互动率低的重要原因。我们首先看第一个案例,图 2-12 所示为某品牌发布的笔记。

这篇笔记在首图与文案中都重点突出了的"少女心""美人鱼"等热门元素。可是,它的点赞只有 7 个,收藏量为 0,评论数也寥寥无几。为什么会这样呢?最重要的一点就在于这篇笔记的内容太过空洞,空洞的内容往往很难引发目标用户的共鸣,更难以全面展现品牌相关产品的魅力与价值,这对于一个以"种草"为主的平台而言,是"致命伤"。

而这个品牌发布的另外一篇笔记的互动量就比较大,如图 2-13 所示,这篇笔记的点赞、收藏、评论都不错。

图 2-12　某品牌笔记(1)

图 2-13　某品牌笔记(2)

为什么会产生如此大的差距呢?因为这篇笔记的文案中多了对产品材质、工艺、设计特色的详细描述,"厚实""顺滑"等产品特点都切中了目标用户群体的实际需求。这才是能让用户对产品产生兴趣,试图了解产品与品牌的关键点。

三、如何提高评论互动率

许多时候,即便品牌发布的笔记内容已经足够优质,点赞与收藏的数据都比较理想,可仍然很难调动目标用户参与评论的积极性,评论数寥寥的笔记显然失去了许多额外的交流、曝光机会。

那么,品牌应该如何提高自身笔记的评论互动率呢?这里,我将与大家分享一些小技巧。

1. 积极回复

在小红书平台,品牌在自身笔记评论区内回复用户评论,同样会被计算进系统流量的分发数据。比如,品牌发布了一篇笔记,在收到一条评论后,品牌回复了对方,那么该笔记的评论区将显示两条评论,并且系统也会评判该笔记收获了两条评论的新热度。因此,只要精力允许,品牌可以尽量做到多回复用户评论。

品牌应尽量采取有趣、轻松的风格"花式"回复目标用户,这就能拉近品牌与用户之间的距离,同时让用户对"被翻牌"产生期待,更加热情地在评论区参与讨论。

2. 在笔记末尾抛出问题

品牌可以根据笔记内容与相关产品,设计具有讨论空间的话题,以问问题的方式在笔记的末尾抛出,引导目标用户群体在评论区发表观点。这些问题不一定非要和产品相关,只要与笔记内容仍有关联即可。

比如,某日用品品牌在推荐一种家具布置方案时,图片与文案中出现了宠物猫,通过宠物猫在家中不同区域放松、享受的状态来凸显图中所用家具用品的安全性与舒适感。在这条笔记的文案结尾处,品牌提出的问题没有涉及产品,而是选择询问同样养猫的用户,自家的猫都喜欢在哪些位置休息。这样的日常话题,显然比直接问与产品相关的问题更容易让人加入讨论。

3. 引导用户主动了解

引导用户主动对产品进行了解，具体操作有两种形式。

第一种是品牌在笔记内容中隐藏产品的品牌与价格，但是在图片、标题、文案上下足功夫，多角度地详细介绍相关产品，并且准确抓住目标用户的痛点。被吸引并且成功被"种草"的目标用户此时便会主动在评论区表达兴趣，同时索取品牌等重要信息，这时品牌就可以在评论区回复相关评论。值得注意的是，品牌不要在评论区直接告知被隐藏的信息，可以让目标用户私信自己，以保证对其他目标用户而言仍然具有悬念感。

第二种是品牌对目标用户进行"预告式"的提问互动。比如，品牌可以不在笔记的内容中详细介绍具体的某一款产品，而是给出多款产品的基础信息，这些产品可以是同系列的不同款产品，也可以是具备其他方面某种联系的产品。随后，品牌可以以询问的语气向目标用户群体确认他们的偏好，并告知他们最终的偏好程度排序将决定接下来一篇笔记的详细内容。此时，用户会感受到自己的意见与建议被重视，自然而然地就会加入评论互动，发表想法。

2.3.3 转化率提升指南

当一个目标用户被品牌的笔记内容所吸引，并进一步点进品牌账号的主页时，这代表着他即将有可能被转化为品牌的粉丝。那么，品牌怎么抓住这一时机，尽可能将点进品牌账号主页的目标用户成功转化为自己的粉丝呢？在解答这个问题之前，品牌首先需要了解清楚，点进品牌账号主页的目标用户想要做什么。

第一,他想要验证该品牌账号的专业性;第二,他想要了解相关产品更多的信息;第三,他被偶然刷到的笔记内容所吸引,但想要在被"种草"的当下确认该品牌的定位,从而决定要不要真的被"种草"。

明确用户这三个维度的想法后,品牌就要对以下两个问题进行自查。

一、自查品牌账号基础问题

关于账号的基础问题,无非就是需要品牌对账号的头像、名称、简介、笔记内容等信息进行检查,通常来说是在以下几个方面进行自查。

- 头像要足够清晰,不模糊、不粗制滥造。
- 头像和名称能让用户明确感知品牌产品类目的方向。
- 简介能让用户明确品牌是做什么的。
- 笔记的内容要跟品牌相关。

需要注意的是,其中最后一项提及的"相关",是指品牌账号的笔记内容无论在表达什么,最终都一定要回到用户对品牌产品的需求点上。

关于上述问题,小红书上最常见到的就是品牌主页的简介不够明确,描述宽泛(见图2-14),让目标用户难以在看到账号主页的第一时间明白该品牌究竟是做什么的。在如今的信息化时代,用户花费在小红书上的时间都是碎片化的,不会有耐心和时间深入推敲和理解。因此,一旦用户没有办法第一时间在品牌账号主页获取相关的有效信息，产生疑惑，就会放弃关注。所以，品牌账号的主页一定要保证能清晰地让目标用户了解该品牌是做什么的，这样才能更容易获得用户的信任。

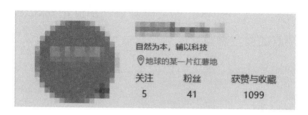

图2-14　某品牌账号主页

二、自查爆文与账号定位的关联性

通常来说，当品牌成功创作出了一篇爆文，便会迎来一个吸粉的高峰期。如果爆文出现了，但吸粉率却没有出现明显提升，尤其是当品牌查看了爆文薯条的投放数据之后，发现关注人数与进入主页人数之比小于1：10时，就要进行爆文与账号定位的关联性自查了。

品牌需要自查爆文引流的切入点，即爆文所引导的目标用户的需求点，与账号定位的契合性。我们需要明白，目标用户的耐心通常只能持续半分钟，如果在该时间段内，用户在账号主页找不到能继续吸引他的内容，他就会离开。

举个例子，运动、健身等题材的笔记在小红书拥有非常大的流量，并且与某售卖运动服饰的品牌有关联，于是该品牌账号就发布了多篇与运动、健身相关的笔记，通过薯条投放，这些内容都获得了不错的点击率，的确成功吸引了大量目标用户群进入账号主页。可是，在成功引流之后，由于主页的前几篇笔记和该品牌无关，因此用户对品牌账号的定位产生了认知偏差。

运动、健身笔记和该品牌确实是有很强的关联性,但是如果被爆文吸引而来的用户在进入品牌账号主页后,看到的都是有关运动、健身等类型的笔记,那用户对这个账号的认知就是这是一个宣传运动、健身方法的账号,却不会联想到这是一个售卖运动服饰的账号。

正确的做法应该是,利用品牌账号的置顶功能,以及对符合品牌账号风格的内容进行重点输出,成功让通过爆文引流而来的用户意识到该品牌账号的真正定位,从而精准吸粉,实现有价值的流量转化。

想要提高小红书笔记的"三率",品牌需要多在笔记内容上下功夫,同时要关注细节,标题、图片、文案、账号基础信息等都不能出现纰漏。

【抄作业】

- 高点击率的笔记在标题、图片、内容等方面都应该尽量贴近用户的真实需求。
- 高互动率的笔记需要品牌做到积极回复、积极提问、积极引导,并且在标题、图片与内容上要避免文不对题。
- 品牌可以通过积极自查账号基础问题以及爆文与账号定位的关联性来提高转化率。

第 3 章

爆文胶囊：
批量生产爆文

在拆解了上万篇爆款笔记后，我总结出品牌打造爆款笔记的"爆文胶囊"，助力品牌批量生产爆文。

3.1 选主题：六种小红书热门选题法

打造爆款笔记的第一颗胶囊是"选主题"。

品牌在创作笔记时，总会遇到不知道写什么内容才能吸引用户的瓶颈期，这就是选主题的问题。我在刚开始做小红书时也是如此，每天会花大量的时间找主题，研究今天发什么内容才能切中用户的真实需求，抓住用户的核心痛点。所谓熟能生巧，我通过几年的时间拆解了上万篇品牌爆款笔记，记录了小红书上各种热门主题的方法，然后进行整理、测试和优化，总结出六种常见的热门选题法，品牌可以拿来即用。

3.1.1 目标人群法

目标人群法是指品牌从自身目标人群入手，深入分析他们的喜好，并以此作为小红书笔记的选题方向。这是品牌在创作笔记时最不容易出错的选择，只要品牌研究到位，投其所好，就不会让自己的内容"打水漂"。而从目标人群出发的选题思路，核心在于挖掘这部分人群的痛点与兴趣点。

在挖掘目标人群痛点与兴趣点的过程中，第一要务自然是充分了解品牌的目标人群。通常而言，品牌可以通过各官方数据平台归纳、总结自身的人群画像，与此同时，品牌还可以从商品评价、竞品笔记评论区了解更多目标人群关注的问题。然而最重要的是，品牌需要深入一线，与目标人群直接进行沟通。

这就好比优秀演员与普通演员在同台竞技时，两方在戏剧效果上的差异往往取决于演员自身共情能力的强弱，也就是观众常说的"入戏""代入感"。优秀的演员会主动、用心地体验和观察相关生活，而不是道听途说或者想象，所以他们的表演对于普通观众而言自然更加"正中下怀"。品牌深入一线了解目标人群就是在积蓄自己的共情能力，想目标人群之所想，呈现目标人群之所需。

那么品牌应该从目标人群那里重点了解什么信息呢？通常情况下，品牌可以从以下四个方面（见图3-1）了解信息，如此就能对目标人群有较为精准的定位。

图3-1 了解目标人群的四项内容

了解完这四项内容之后，品牌需要站在用户的角度思考笔记内容。通常而言，寻找目标人群的痛点即是看对方缺少什么，一个人越缺少什么，他就会越关注什么。品牌只要再进一步明确目标人群近期的关注点，即可在此基础上创作笔记内容。

比如，在小红书搜索"内双眼妆"时，可以看到许多相关的爆款笔记（见图3-2），这些笔记的热度都来自于"拥有内双的爱眼妆女性"，而它们的笔记内容通常都针对这一部分目标人群的痛点——眼睛显小、显肿。因此，如何在内双的眼睛上画出一个能"消肿"、能放大双眼的眼妆就是一个绝对吸引目标人群的选题了。

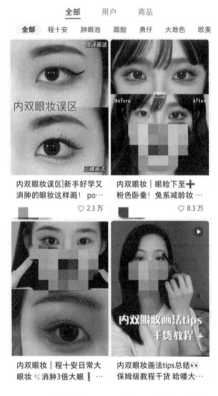

图3-2 搜索"内双眼妆"后出来的爆款笔记

除了抓住目标人群的痛点确定选题，品牌还可以顺应目标人群的兴趣点确定选题。比如，目前小红书上女性用户较多，且大多都生活在一线和二线城市，这群有高消费能力的精英女性往往在职场穿搭、护肤、健身等方面有强烈需求，因此，品牌可以着重考虑此类方向的选题。

3.1.2 场景设置法

场景设置法是指将具体场景作为选题切入点,无论是浴室、客厅、阳台、厨房等具象的空间场景,还是睡前、通勤路上、出差途中等代表特定时间的场景,甚至是更加立体的时间与空间相组合的综合性场景,一个场景的预先设置,可以为品牌接下来的笔记内容营造合理的氛围与前提条件,激发用户的需求。

比如,通常品牌都会用试穿、讲解等方式推销服装类产品,而这些方式对于在小红书平台上占据超过80%用户量的女性群体而言,并不一定具备超强的"杀伤力"。虽然对这些服装感兴趣的女性群体很多,但品牌如何才能保证让用户看到后立即购买自身产品呢?

某品牌就为自己的小红书笔记设置了一个具体场景——春日约会,为品牌产品营造出了一个特别却又合理的氛围:阳光灿烂、万物复苏的春日,正是与恋人出游、踏青的好时节,在这样美好的日子里,每个女孩都希望打扮得十分美丽,与恋人进行一次美好的约会。

此时,品牌将拍摄好的模特试穿图片发布出来,配上标题"春日氛围感约会穿搭"(见图3-3),能让许多用户看完之后立刻心动,想入手同款服饰,然后与恋人来一场春日约会。

再比如,某个以奶茶产品闻名的品牌在其小红书笔记中便有诸多以"下午茶""早餐""宅家聚会""看日落"为主题的原创内容。这样的场景设置不仅能解决品牌小红书笔记的选题问题,还能轻松营造产品之于日常生活的仪式感,激发用户关注。

图3-3　笔记"春日氛围感约会穿搭"

3.1.3　产品卖点法

产品卖点法是指将产品卖点作为品牌小红书笔记创作的选题切入点，同样是较为简单且安全的方式。品牌在提炼自身产品的卖点时，可以重点从以下十个方向进行深入考量（见图3-4）。

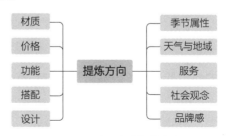

图3-4　产品卖点提炼方向

这十个方向的卖点都比较好理解，没有人会比品牌更了解自己的产品，品牌可以轻松从以上卖点提炼方向中，找到最适合自身产品的方向作为相关笔记的选题方向。

比如，小红书上许多手账相关品牌在介绍胶带这一产品时，都会选择以"材质"作为产品卖点（见图3-5），并进而创作出不同风格的笔记内容。

图3-5 以"材质"作为产品卖点的笔记

再比如，某文具品牌在其推荐自己的一款造型简约的钢笔产品时突出了该产品"平价"的特点（见图3-6），品牌无疑是将价格当作了这篇笔记选题的切入点。

图 3-6 以"价格"作为产品卖点的笔记

其余产品卖点的提炼方向也各有发挥的空间,此处不再一一举例赘述。

但需要品牌注意的是,在将产品卖点作为笔记选题的切入点时,要用心斟酌笔记标题及内容的遣词造句,懂得将产品的卖点由专业化的语言转化为用户能一眼看懂的通俗语言,尤其是不要向用户大段大段地罗列各种参数。能用一句话简单概括的卖点,就不要故弄玄虚、强行突出"专业度"。

许多没有经验的品牌常常会在这一点上犯错误,误以为专业奖项的堆砌、专业参数的罗列,可以让产品乃至品牌更有"排面"。可事实上,在注重浏览效率与产品性价比的小红书平台这种内容基调并不适用,一句"智能床垫睡 6 个小时顶 8

个小时",远比品牌将智能床垫使用的高科技技术与生效原理摆出来更能抓住用户的心智。

3.1.4 竞品差异法

许多品牌在选题上犯难最大的原因,就是同类产品在小红书上往往充斥着非常多的"种草"笔记,品牌在思考自身小红书账号的笔记内容时,总会担心自己的笔记会像落入大海的一滴水,投出去后便无波无影无踪。这导致品牌在目标人群、场景设置、产品卖点上都找不到灵感与思路。

此时,品牌便可以从竞争对手入手,以自己的产品与竞品之间的明显差异作为选题切入点,找到自己的产品最容易在漫漫同类产品海洋中出彩的那一点,然后"大做文章",这就是竞品差异法。

比如,某速食品牌多年来在速食领域并无优势,在其他几家大品牌的"夹击"之下,甚至一度很少出现在相关的测评、合集之中。而速食品牌在目标人群与合适的场景上重合度极高,很难找到引人注目的话题点,在产品自身的卖点上也大同小异,不容易找到可以马上与同类大牌有所区别的特点。

机缘巧合下,该速食品牌生产线中存在的与同类品牌明显差异化的话题点被大众发掘了出来——招聘大量残疾员工,为弱势群体提供就业机会。很快,该差异化特质成了众人关注的焦点,该速食品牌一跃成为"流量明星",与其相关的"种草"与盘点层出不穷,且几乎都以该差异化特点作为选题切入点(见图3-7)。

图 3-7　某博主小红书视频笔记截图

虽然该案例中竞品差异的挖掘与宣传并非品牌行为，且该差异点相对"偏门"，但其热度迅速窜高的逻辑却值得所有品牌思考与借鉴。在如今同类产品本就同质化越发严重，且传统大牌"垄断"局面越发难破的环境之下，突出竞品差异的小红书笔记选题，无疑就像燥热气流下的一袭清风，很容易吸引用户的目光。

关于品牌应该如何准确定位自己的产品与竞品的差异，我在接下来的章节中会有更加详细的介绍，在此不展开讨论。

3.1.5　跨界对象法

品牌除了在同领域竞争对象身上寻找选题灵感，还可以从不同领域的跨界对象身上寻找灵感，这就是跨界对象法。这里的跨界对象可以不仅仅是具体的某个品牌，还可以是某些看上去似乎毫不相关的话题。

有时，品牌一味地"死磕"竞争对象却很难找到超越契机，非常容易陷入"亦步亦趋"的追随状态，限制自己发展的可能性。而品牌如果将目光放在另外领域的跨界对象身上，就可以拥有更多的视角，看到不同的维度，反而有很大的概率可以发现自身的新活力。

不同领域的产品，不代表在细节元素上毫无共同点。比如，在行李箱的挑选问题上，传统的关注点总是聚焦在容量、质量等产品特点上，可事实上，箱包还可以与服装穿搭、旅行拍照等话题"混搭"碰撞（见图3-8），此时，"拍照搭配"这一话题就是该行李箱的跨界对象。

图3-8 某行李箱与穿搭话题相结合

值得注意的是，跨界对象这一选题切入点，虽然看似不按常理出牌，但这并不代表品牌就真的可以毫无顾虑地随意"跨界"。正如我在前文所说的那样，跨界对象身上与品牌"殊途同归"的共同元素点是十分重要的跨界选择标准，品牌一定要找到自身与跨界对象之间的共同元素，这样才能创作出真正有感染力的内容。

3.1.6 平台热点法

平台热点法是指将小红书上的热点作为选题切入点。平台热度能为品牌快速增加曝光量，对于品牌的小红书团队而言无疑是非常诱人的选题切入点。小红书平台上的热点通常可以被分为两类：一类是常规性热点，一类是突发性热点。

一、常规性热点

常规性热点一般是指传统的大型节日、特殊时节，或者电商平台的各大购物节，这些热点不需要有人"推波助澜"，也不用小红书官方"顺水推舟"，它们是天然存在的固定时间节点。比如每年的春节、中秋节、寒暑假、二十四节气，以及"618"和"双11"等促销节。

这类热点最大的特点就是万众瞩目、时段固定，且具有可预见性。可以预测，就意味着品牌有充足的时间为该类选题的笔记内容做精细设计。

品牌可以根据自己的特质配合不同的时间节点规划小红书的笔记选题，比如，主打防晒品、冷饮等产品的品牌，可以把握好立夏、暑假等时机，主打保暖产品的品牌，可以在冬季得到更好的创作机会。对于服装、饮品、美妆等类别的品牌，也可以根据不同时机调节自己的笔记主题,比如冬季穿搭、夏日饮品(见图3-9)、拜年妆容等。

图3-9 夏日饮品主题的视频笔记

二、突发性热点

突发性热点即指临时出现的、不可预测的热点,它们的出现往往没有规律可循,持续时间也不确定,很难预判。因此,这类热点留给品牌的准备时间非常少,需要品牌对热点信息具有高敏感度,越早捕捉就能越早介入。

通常来说,捕捉突发性热点的方式有两种:一种是从主流社交软件的热搜榜中寻找,另一种是直接从小红书平台的热门笔记中寻找。其实这两种方式捕捉到的突发性热点往往重合度会很高,但不同的平台往往可以提供不一样的讨论方向,会给品牌带来不同的灵感。

这类突发性热点虽然持续时间不定,但通常都会比常规性热点持续时间短很多,有时甚至只有短短的一两天时间。因此,品牌在突发性热点中捕捉到灵感方向后,一定要快速决策、创作,尽量走在其他品牌的前面,率先抓住用户的目光。与此同时,品牌还需要尽量保证自己的角度是新颖的,具有自己的观点,而不是人云亦云地复制观点,后者无疑是一种无效输出,甚至容易发生各种"踩雷"的乌龙事件。

从平台热点挖掘品牌的选题方向,方法简单,但效果很好,只要品牌在笔记创作的过程中能较好地融合、体现自身独到的角度与特质,就能轻易获得较高的关注度,崭露头角。

> 【抄作业】
> - 目标人群法:挖掘目标人群的痛点与兴趣点。
> - 场景设置法:场景营销 = 空间 + 时间 + 需求 + 仪式感。
> - 产品卖点法:提炼产品卖点。
> - 竞品差异法:突出差异化卖点。
> - 跨界对象法:从不同领域的跨界对象身上寻找灵感。
> - 平台热点法:寻找小红书平台的热点。

3.2 起标题：14 个爆款标题模板

打造爆款笔记的第二颗胶囊是"起标题"。

泰国曼谷有一家酒吧在门口放了一只大酒桶，酒桶上写着四个大字——不准偷看！过路的行人觉得奇怪，于是他们将头探进酒桶里，一股清醇甘香的酒味扑鼻而来，瞬间激起了爱酒者的兴趣，他们纷纷走进店内品尝这款美酒。

小红书笔记的标题就像"不准偷看"这四个字一样，是让用户查看笔记内容的"敲门砖"。一个好的标题，不仅是笔记登上热门推荐的必备条件，也决定了笔记的打开率。通过对大量爆款笔记标题的分析、总结、实践，我总结出能够提升用户点击率，进而提升笔记火爆程度的 14 个爆款标题模板。

这 14 个爆款标题模板可以分为四个类型，即悬疑式标题、解决问题式标题、字眼冲击式标题和热点式标题，如表 3 - 1 所示。

表 3–1 爆款标题模板

标题类型	具体公式	
悬疑式	模板一：	无心之过 + 严重后果
	模板二：	负面效果 + 行为
	模板三：	真实情况 + 反差性问句
	模板四：	制造悬念 + 夸张用语
解决问题式	模板一：	问题 + 结果 + 解决方案
	模板二：	矛盾/问题 + 解决方案
字眼冲击式	模板一：	细分人群 + 数字 + 结果
	模板二：	细分人群 + 情绪
	模板三：	情绪 + 事件 + 技巧
	模板四：	数字 + 事件 + 建议
热点式	模板一：	名人同款
	模板二：	热门活动 + 参与感想
	模板三：	热门节日 + 特殊事件
	模板四：	热点事件 + 专业视角

在具体分享爆款标题的 14 个模板之前，先分享两个起标题的小细节：

- 标题字数控制在 20 个字以内，16~18 个字为佳。
- 标题中可适当加表情符号，可以用多种颜色。

3.2.1 悬疑式标题

从前有一个小镇，镇上有一家电影院，但镇上的人们都不爱看电影，于是这家电影院破产了，被新老板低价收购。新老板将电影院装修一新，然后在电影院门口放了一个招牌，上面写着"今天放映七个男人和一个女人在一起生活的故事"。看到这个标题,镇上的人们感到十分好奇,纷纷买票观看,电影放映时人们才恍然大悟,这个故事叫《白雪公主》。第二天电影院门口的招牌上换了一个标题,告诉人们今天放映的是"七个男人和一个女人一起打架的故事",人们又抑制不住自己的好奇心进入电影院观看,其实这个电影是《八仙过海》。

仅仅一个标题,就让用户充满幻想,想要去电影院一探究竟,这就是标题的魅力。这个电影院在创作标题时,运用了悬疑式标题来激发观众的好奇心。所谓悬疑式标题,其本质就是利用标题当中残缺的信息来给用户打造一个好奇—猜测—点击验证的逻辑闭环。要知道,"犹抱琵琶半遮面"的信息读起来最让人心痒。

比如,百事可乐的广告标题是"不黑可口可乐的时候,百事可乐到底在做什么?",只一眼,就会让看到的人忍俊不禁。因为可口可乐和百事可乐是众所周知的一对"冤家",双方经常"互黑",当人们都知道这一点时,百事可乐自我调侃并打破常态,会令人们感到新奇。同时人们也会产生好奇心,想知道百事可乐到底在做什么。

品牌如何创作出"犹抱琵琶半遮面"的悬疑式标题,激发用户的好奇心呢?

▶▶ 模板一:无心之过 + 严重后果

一篇标题为"一个不小心,我差点要了我家猫的小命"的笔记,运用的就是这一模板。这是一篇视频笔记,截至 2022 年 6 月 19 日,这篇笔记获得了 5.7 万个点赞、4.3 万个收藏和 220 条评论。

其中,"一个不小心"是无心之过,却险些造成"要了小命"的严重后果,会在一瞬间引起养猫人群的恐惧和好奇心。因为生命脆弱且不可挽回,用户一看到这个标题就会情不自禁地点进去,看看到底是什么行为能带来这样严重的后果。

示例:因为一件事(无心之过),差点就再也见不到我家狗了(严重后果)……

▶▶ 模板二:负面效果+行为

"只要封面够丑,男人就会划走"这个爆款标题在美妆博主中十分盛行,其中有一位博主用这个标题发布了一条笔记,截至2022年6月19日,这篇笔记获得了8万点赞、2.6万个收藏以及2796条评论。许多美妆博主纷纷效仿,创作出的笔记的数据都很不错,后来甚至有博主将这句文案简化成四个字"封丑,男走",成为一个经典标题。

无论是品牌还是个人博主,常常会习惯性地将产品的优势和对应的痛点当作笔记标题,但这些标题看多了用户会产生疲劳感。"只要封面够丑,男人就会划走"这个标题的绝妙之处就是反转,博主特地拍摄看起来比较丑的照片作为封面,利用"看到丑,就划走"的行为轨迹,一来引起男生的好奇心,二来激发真正的目标群体——女生的好奇心,让人不自觉地想"我倒要看看你化完妆能美成什么样子",然后点击笔记内容,看完妆前妆后的对比照。

示例:猫咪毛发全部打结(负面效果),××梳子马上梳顺(行为)!

▶▶ 模板三:真实情况+反差性问句

以"每次过安检都会被拦,妆前妆后差别真的很大吗?"为标题的笔记是一篇爆款笔记,截至2022年6月19日,这篇笔记获得了1.5万点赞、874个收藏以及937条评论。

众所周知,过安检需要进行人脸识别,被拦住,说明妆后的形象与身份证上的形象判若两人。且博主强调了"每次",说明这种情况不是第一次发生,而是高频发生,具有持久性。看到这个标题,我们不禁想看一看这位博主妆前妆后的反差是不是非常大,以至于安检机器都识别不出来。

示例：眼部干痒（真实情况），除螨虫真的能治好吗（反差性问句）？

▶▶ **模板四：制造悬念 + 夸张用语**

有一篇标题为"解密！猫咪在家的隐藏气味炸弹！"的视频笔记，截至 2022 年 6 月 19 日，这篇笔记获得了 1.6 万点赞、4743 个收藏以及 208 条评论。

这个标题首先用"解密"两个字制造悬念，引起用户的注意，然后用夸大的词语"炸弹"形容猫咪的气味，让用户尤其是养猫群体，迫切地想知道什么是"隐藏气味炸弹"，到底要如何处理宠物的"气味"问题。

示例：解密（制造悬念）！超好吃（夸张用语）的辣子鸡丁做法！

引发好奇的标题更适合内容具有一定神秘性，能够与人们的日常认知产生反差的笔记，这样才能更好、更快引发用户的好奇。

3.2.2 解决问题式标题

夏天来临，小李饱受蚊虫叮咬困扰，为了解决这个问题，她到小红书上搜索"驱蚊"两个字。在众多与驱蚊相关的笔记中，小李被一篇标题为"自制驱蚊草药包，学会这招夏天蚊子都走开"的笔记吸引，她点击查看了这篇笔记，并决定学习这篇笔记中介绍的方法，到药店配一包同款驱蚊药包，轻松解决蚊虫叮咬问题。

为什么小李能在众多笔记中点开这篇笔记？因为这篇笔记的标题直接帮助小李解决了问题，这就是解决问题式标题。解决问题的本质是直接在标题中给用户提供价值，告诉用户解决某类问题的最佳方案。这样一来，对于此类问题感到烦恼，希望解决问题的用户在看到这样的标题后，很容易点击查看笔记。这类标题适用于实用型干货笔记，既朴实又有效。

由于主要是提出问题，再解决问题，所以解决问题式标题通常只有两种模式。

▶ **模板一：问题 + 结果 + 解决方案**

"衣柜收纳空间翻倍！衣柜改造全记录"是一篇爆款笔记的标题，截至 2022 年 6 月 19 日，这篇笔记共获得了 8.3 万个点赞、9.8 万个收藏和 1399 条评论，数据非常好。

"收纳"是困扰许多用户的问题，家里东西太多没地方放，让整个家看起来非常凌乱，不够整洁。"收纳空间翻倍"直接点明了这篇笔记的重点，也是用户希望通过观看这篇笔记达到的效果。"衣柜改造全记录"则是具体的方法总结，暗含着"只要你看完这篇笔记，就能做好衣柜改造"的意思，对于收纳具有迫切需求的用户，将毫不犹豫地点开这篇笔记观看。

示例：冰箱收纳（问题）好物（解决方案），告别脏乱冰箱（结果）！

▶ **模板二：矛盾/问题 + 解决方案**

"家里人不让养猫？那就把这些真相告诉他们！"是一位宠物博主发布的爆款笔记的标题，截至 2022 年 6 月 19 日，这篇笔记共获得了 30 万个点赞、27 万个收藏和 3691 条评论，受到了爱宠用户的广泛认可。

在许多想养猫和已经养了猫的用户中，有许多用户养猫遭到了家人的反对，养猫的你与不让养猫的家里人有了矛盾。面对这个问题，有些用户选择不顾家里人的反对，坚持养猫；有的用户为此和家里人发生争执；有的用户因为家里人反对而将猫送走，或者选择不养猫。

但是现在这篇笔记在标题里就向用户传达出一个信息：只要你把真相告诉家里人，家里人就会同意你养猫。此时，想养猫或养了猫，家里人却反对的用户，会点开这篇笔记，寻求解决方法。

示例：喝奶茶容易长胖（矛盾）？自制奶茶好喝不长胖（解决方案）！

在使用这类标题时，品牌不必使用大量华丽的辞藻来吸引用户的注意，只需要提出问题，并解决问题即可，因为问题本身就具有一定的吸引力。

3.2.3 字眼冲击式标题

字眼冲击式标题是指在起标题时使用一些具有较强冲击力的词汇、数字等，带给用户强烈的感官刺激，让用户产生共鸣。

有一类典型的字眼冲击式标题，曾经受到许多用户的调侃，比如"震惊！××竟做出如此×××之事！"。虽然这类标题现在已经被用户判定为是博取眼球的噱头，但不可否认的是用户在看到这样的标题时，还是会情不自禁地点击查看。品牌在起标题时，也可以利用这种方式，但改掉过分夸张、文不对题的缺点，也能够帮助笔记成为爆款。

在标题中让用户产生共鸣的关键是限定细分人群，如果品牌不将目标用户群体进行细致划分，那么打造出来的标题将难以冲击目标用户群体的内心，因为他们会认为品牌标题中所指的人群并不是他们。如果品牌将目标用户群体进行了细分，那么目标用户群体一看到标题，就知道自己是否对这篇笔记感兴趣，感兴趣的用户很快便会点击查看笔记。

字眼冲击式标题打造模式主要有四种。

模板一：细分人群＋数字＋结果

"心痛总结新生儿第 1 个月最后悔的 5 件事"这个标题帮助这篇笔记迅速获得了许多新手父母的点赞和收藏。"新生儿第 1 个月"虽然没有直接点出"新手父母"，但关注新生儿的显然是新手父母这一细分人群；"第 1 个月"和"5 件事"都使用了数字；"最后悔的"说明许多新手父母做错了，这是结果。

为什么在标题中要使用数字呢？首先是因为数字更显眼，在大量的小红书笔记中，用户看标题都是扫视，不会逐字认真查看，带数字的标题会比不带数字的标题更容易被用户接收；其次是带有数字的标题更容易被理解，因为数字后往往伴随着该笔记要表达的重点，便于用户理解，用户在没看之前便能心中有数，感兴趣就会点击；最后是因为数字表达更具体、更生动形象，更容易激发用户的兴趣，比如"5件事"，用户看到后会想"是哪5件事呢？我有没有做过这5件事"。

示例：孕期（细分人群）绝对不能做的 5 件事（数字），都是在坑你（结果）；宝宝（细分人群）春夏鞋子合集，均价 30（数字）挖到宝（结果）。

模板二：细分人群＋情绪

在标题中表达情绪，也能让标题更具有冲击力。一位心理博主打造了一则标题——"烦死了，抑郁症人群的口头禅"，引发了广泛抑郁症患者的共鸣：他们常常会说"烦死了"，这代表着他们时常处于负面情绪之中，这也解释了为什么他们会成为抑郁症患者。

"40 万，却让家在小县城里格格不入"是一位博主发布的爆款笔记的标题。博主在这个标题中没有直接点出细分人群，实际上能够得知博主生活在小县城，"格格不入"带有一种遗憾的情绪，让人看了之后不自觉地想知道为什么博主的家与县城格格不入。

示例：全职妈妈（细分人群）回归职场第 1 天，太累了（情绪）！

模板三：情绪＋事件＋技巧

将情绪与事件和技巧结合起来，也会形成较有冲击力的标题。比如，在"别催了！你们一直在追问的如何养成小圆头！"这个标题中，"别催了"表达了一种稍微不耐烦的情绪，能与用户之间产生一种对话感；"你们一直在追问的"说明这件事是很多用户感兴趣的；"如何养成小圆头"则直观点出了该篇笔记要教给新手父母的技巧。

示例：求求你们了（情绪）！不要再对孩子说"你必须这样"（事件+技巧）。

▶ 模板四：数字+事件+建议

第四个模板是"数字+事件+建议"。在一条爆款笔记的标题"0~12月宝宝成长规律，新手妈妈必收藏"中，"0~12月"是宝宝的年龄，对目标用户群体进行了限定，即宝宝的年龄为0~12月的新手妈妈。这篇笔记讲述的是宝宝的成长规律，这是对事件的概括，最后给出了一个小小的建议"新手妈妈必收藏"，能够促进新手妈妈收藏该笔记。

示例：3~8岁（数字）儿童成长中爸爸的责任（事件），爸爸必赞（建议）！

事实上，这四个模板中的要素可以任意组合，只要有足够的冲击力即可。品牌不必拘泥于特定的模板，可以尝试着总结属于自己的爆款笔记标题打造方法。

3.2.4 热点式标题

笔记主题可以借助平台热点，标题同样如此。热点之所以能够成为当下的热点，风靡一时，是因为它本身有一定规律可循，满足了人们的某种心理。如果品牌不能自造热点，那么可以选择借助热点，来吸引对此热点感兴趣的用户，让用户自主点赞、评论、收藏。

热点事件的类型非常多，如名人、社会新闻、热门活动、热门节日等，这些热点都可以被品牌运用起来，用在标题中，这就是热点式标题。在运用热点式标题时，品牌要注意运用时间与切入角度,如果热点快过去了,用户早就因为大量的借势营销感到疲倦,不再希望看到这个话题,而品牌还在从相同的角度切入,那就会让用户厌烦。同时,有些热点事件在当下并没有定论,品牌在借助热点时,也要注意弘扬正能量,站在能被社会普遍接受的角度去起标题,不然可能会引起用户的反感。具体而言,起热点式标题有以下四个模式。

▶▶ 模板一:名人同款

名人本身自带流量,如果笔记标题能够突出名人,则会吸引对该名人感兴趣的用户。借助名人效应,笔记的点击率会提高。

比如,一篇标题为"××明星仿妆"的笔记直接在标题中写出了某明星的名字,展现出该明星的同款妆容,对这个明星感兴趣的用户会点击该笔记,查看博主的仿妆是否与该明星具有相似性。

示例:××(名人)也穿几十元的衣服?

▶▶ 模板二:热门活动+参与感想

在小红书上,经常有一些热门活动,品牌可以参与这些活动,并加入自身独特的参与感想,在把握活动热度的情况下,突出自身特点。

比如,小红书上曾经的热门话题"老师的考场任务不是监考"引发了大量监考老师的参与,这些博主发表的笔记标题虽然各不相同,但都围绕这个话题展开,包括"监考老师的内心活动""教授亲自上阵监考""关于我在监考时画画这件事"等。

示例:××活动(热门活动),太有氛围感了(参与感想)!

▶▶ 模板三:热门节日+特殊事件

除了一些偶发性的热点,还有一些热点是可预见的,也就是我们每年都要经历的各个节日。节日当天或前后几天,围绕这个节日发生的事情,都会成为用户关注的热点。

"父亲节,我爸好像和我不熟"是2022年父亲节时小红书上较为火爆的一篇笔记的标题。通过这个标题,父亲沉默的父爱,父亲与子女之间较为生疏的感觉表露无遗，很快便引发了许多用户的共鸣。

示例：母亲节（热门节日）无法给亲妈尽孝，我决定"孝顺"舍友（特殊事件）。

▶▶ **模板四：热点事件+专业视角**

无论品牌身处哪个领域，都会在所处领域积累经验，对该领域的事情持有专业看法。因此，当一些引起社会广泛讨论的热点事件发生时，品牌可以将热点事件与专业视角相结合，打造出既直观又具有吸引力的标题。

比如，曾经有一件狗咬人的事件引发了网友的热议，在这件事情发生后，有些律师就根据这个模板创作了标题为"狗咬人，狗主人可以免责吗""狗咬人，被咬者如何维护自身权益"等笔记。"狗咬人"是热点事件，对于"狗主人"和"被咬者"给予的法律建议，则是从律师博主的专业视角出发的，能够让对此事件感兴趣的用户，或者担心自己陷入同类事件的用户有所启发。

示例：女生独居（热点事件），必须要学的防身术（专业视角）。

对于以上总结的14个标题模板，品牌既可以单独使用，也可以随机组合使用。

【抄作业】

- 悬疑式标题：激发用户的好奇心。
- 解决问题式标题：帮助用户解决问题。
- 字眼冲击式标题：通过具有较强冲击力的词汇、数字等让用户产生共鸣。
- 热点式标题：借助热点带来流量。

3.3 写正文：一套爆文方法论

打造爆款笔记的第三颗胶囊是"写正文"。

正文内容的创作难点在于产品的植入，能将产品植入得恰当又不会让用户觉得是营销从而产生反感，是正文内容撰写的关键。

我在拆解了3000多篇爆款笔记后，总结了一套爆文方法论，品牌可以学习之后在自己的账号上实践。

3.3.1 四原则

在撰写笔记正文时，品牌要把握四大原则。

原则一：原创+垂直度

决定内容能否成为爆款内容的第一原则就是原创，抄袭、洗稿而来的内容，火得越快，给品牌带来的负面作用就越大。

除了原创以外，品牌在撰写内容时还要有垂直度。不管是原创还是垂直度指的都不是某个笔记，而是品牌在专业号上发布所有笔记。

如果品牌想做护肤类笔记，那么从第一篇笔记开始就只能发布护肤类的笔记。如果品牌半途发布了其他类型的笔记，那么系统会扣除品牌的账号权重评分,这样即使品牌再发布10个护肤类的笔记也未必能够补回自己的账号权重评分。

原则二:做有效爆文

什么是有效爆文和无效爆文?

有的品牌撰写的笔记数据很好看,有几万的点赞、收藏和评论,但只要我们翻开这则笔记的评论区,就会发现里面没有一条是讨论品牌与产品的,这就是无效爆文。

有的品牌撰写的笔记数据可能并不太理想,比如,一个40万粉丝的专业号发布了一条测评宝宝爬行垫的笔记,仅有2000的互动量,但评论区有很多评论都是在探讨品牌与产品,这条笔记带来了将近20万元的天猫产品销售额,这就是有效爆文。

说到这里,品牌需要弄清楚爆文的评估和计算方法。爆文的标准定义是互动量达到1000(点赞、收藏和评论)。如果一个品牌的专业号有20万粉丝,那么1000的互动量显然要求不高。但在不同的领域,标准也会有所不同。例如,对于母婴类的笔记来说,互动量达到500就可以叫爆文。

原则三:做好"内容箭头"

所谓"内容箭头",是指品牌在撰写正文时明确产品卖点,让用户看到并了解产品卖点后产生购买行为。品牌要想提升笔记和产品的关联性,强化产品在用户脑海中的印象,就要避免同质化,做好"内容箭头"。而"箭"的关键在于明确产品卖点的唯一性、独特性与差异化,因此品牌需要在开弓发射前,不断地打磨"箭"头,唯有如此,射"箭"时"箭"头才能命中靶心,并牢牢地固定在箭靶上。具体来说需要注意以下三点。

1. 产品词的唯一性

比如,提到小棕瓶,用户就能想到雅诗兰黛精华液;提到神仙水,用户就能想到 SK-II 护肤精华露。我们要在形状、包装、颜色等方面围绕产品词不断加深用户记忆。

2. 包装风格的独特性

突出产品包装风格的独特性,包括年代、颜色、包装形状、品牌标识、整体风格等,从这些方面去找到产品的独特点,从而强化产品在用户心中的辨识度,快速抢占用户心智。

3. 产品卖点的差异化

一些品牌的产品卖点模糊,看似功能齐全,实则却是你有我有大家有,烂大街的产品卖点没有从根本上解决用户的本质需求。品牌要想更好地突出自己与对手的不同,就要突出卖点的差异化,且这种差异化的卖点能够一下子击中用户痛点,解决用户焦虑。

原则四:排版规则

品牌在撰写正文时,还要遵循小红书正文的排版规则。

- 小红书正文的字数上限是 1000 字。通常来说正文字数不能过少,因为篇幅短小的笔记信息量不大,用户很难收藏;但正文字数也不宜过多,密密麻麻的正文会让用户产生疲劳感,看起来比较吃力,不愿意读完全文。
- 标题和正文要有明显的区分,可以采用不同的色彩和不同的字体、字号。

- 正文内容要有主次之分,可采用加粗或者不同色块的方式来进行区分。

在不违反原则的前提下,品牌在内容上也可以做一些改变和创新,达到"变则通,通则存,存则强"的境界。

3.3.2 四感写作法:沟通感+痛感+情感+正感

四感写作法是一种通过内容向用户传递感受的写作方法,把这四种感觉(即沟通感、痛感、情感、正感)运用在小红书的正文写作中,会带给用户身临其境的感受。

好的写作手法并不需要用多么华丽的辞藻,品牌只需要让用户看完自己的笔记后,能在脑海里产生画面,并且跟着笔记中的文字一路想象下去。

一、沟通感

"沟通感"是指品牌在撰写笔记正文时要营造一种沟通场景,让用户感到在与品牌面对面交流。

有些品牌在撰写笔记正文时会陷入这样的误区:为了让产品看起来更上档次,品牌会在笔记中拼命介绍产品的参数,告诉用户产品曾经得过哪些大奖。但在用户眼中,这些参数他看不懂,这些奖项与他毫无关系。品牌将这些信息强行灌输给用户,用户几乎都是"左耳朵进右耳朵出",还有可能因此感到厌烦,觉得品牌"不接地气"。

这样的品牌归纳而言就是:**总想着告诉用户自己是谁,却忘了自己是为了谁。**

对此我的建议是,如果品牌有线下门店,可以找资深的一线导购员谈一谈。一线导购员长期和用户直接打交道,他们所说的每句话都是说给用户听的，他们更能把握用户的心理，他们的话术更能打动用户。

在介绍产品时，我们可以像向朋友推荐一款产品一样，向用户讲述这款产品的好处。这样既能把详细的信息推送给用户，也更容易让用户信服。

举个简单的例子，一个生产智能睡眠床垫的品牌，如果在小红书上告诉用户，品牌生产的床垫获得了×××大奖，享誉全球，用户并不会与有荣焉；如果在撰写正文时，该品牌告诉用户，这款智能睡眠床垫能让用户在 10 分钟内进入深度睡眠，能够有效改善用户的睡眠质量，在这款床垫上睡 6 个小时抵得上在普通床垫上睡 10 个小时，用户一定会印象深刻。

二、痛感

如果小红书笔记不能让用户有"痛感"，那就不是好笔记。品牌发布笔记时，如果内容不是用户所关心的，基本上不会取得良好的效果。而用户关心的那些问题，可以被称为"人群痛点"。

什么是人群痛点？举个例子说明。有一些二十多岁的女性脱发问题严重，其中"二十多岁"是年龄，女性是性别，这两个特征相加，得到人群画像。而脱发问题严重，是这个群体普遍存在的痛点问题。

某品牌与博主合作发布的小红书笔记，便是针对这个人群痛点展开的。这篇笔记的标题是"发量猛增小秘诀"，笔记内容从洗发露、育发液、梳子、补气血产品等多种能够促进头发生长的产品切入，击中年轻女性掉头发的痛点，很快获得了大量目标人群的点赞和收藏，如图 3-10 所示。

图3-10 笔记 "发量猛增小秘诀"

三、情感

品牌在撰写笔记正文时,要注意让笔记正文具有"情感",引导用户的情绪产生波动,从而引发用户的共鸣。

比如,在小红书母婴专区,有一篇笔记封面写着"拿给婆婆看",这就是利用婆媳之间的矛盾冲突,使用户产生了情绪波动。在这篇笔记的评论区有一条高赞评论,一位用户这样写道:"婆婆不会管你的月子有没有坐好,她只会关心孙子有没有奶吃。"这足以说明用户从这篇笔记中感知到了情绪,与博主产生了共鸣。

这样一来,这篇笔记取得了很好的数据,精准地获得了大量新手妈妈粉丝,博主此时针对新手妈妈带货,效果就会十分突出。

四、正感

无论任何时候,人们都在倡导美好生活,希望过上美好生活,这也是小红书平台的风格。积极向上的正能量内容也是品牌在撰写正文时不可或缺的，那些用户向往的美好生活，也会给笔记带来正向反馈，笔记正文需要"正感"。

比如，有的壁纸分享博主会专门开辟一个"正能量壁纸"专栏，发布一些带有正能量语句的壁纸，这些语句包括"今天也要加油呀""元气满满的新学期""努力上进自律才是这个年纪该做的""你未必出类拔萃，但一定与众不同"等。这些语句在不知不觉中给人满满的能量，激励着人们前进，用户自然愿意给这样的内容点赞。

如果品牌的笔记正文传达出的理念总是比较负面的，那就会影响到品牌的整体形象，让用户心生反感。

以上就是爆款笔记必备的"四感"，品牌需要有意识地从这四个方面出发来撰写正文。

3.3.3　六字诀：真、美、奇、趣、干、矛

在小红书上，用户有普遍喜欢的内容风格，可以归纳为"真""美""奇""趣""干""矛"。从这六个方面出发撰写笔记正文，能让笔记在海量的信息中脱颖而出。

一、真

在分析小红书笔记时我们发现，有些没有测评、不是干货甚至封面图片都有些粗糙的笔记，也能成为爆款笔记。这些笔记的创作者通常是"路人"用户，并不是专业的博主。为什么这些笔记也能成为爆款笔记呢？因为他们发布的笔记内容非常真实。

比如，有一位用户发布了一篇标题为"宿舍床上用品分享"的笔记，记录了其正在使用的床单、床垫和被子，讲述了自己的使用体验，并附上了购买店铺，如图3-11所示。

图3-11 笔记"宿舍床上用品分享"

这篇看起来简简单单,图片就是用手机随便拍摄的笔记,获得了4.2万个点赞以及2.1万个收藏。在这篇笔记中,博主首先点明了自己的身份"大二学生",很容易引起同身份人群的共鸣,很多大学生都希望找到心仪的宿舍床上用品;其次说明自己逛遍了电商平台才找到这款被套和枕套,阐述了被套和枕套的优点,如质量好、舒服等,能让其他用户看完后想购买同款。这篇笔记看起来就是一个大二学生的真实分享,看不出广告的痕迹,所以成了爆款笔记。

我在与许多小红书用户交流时,他们向我传达了以下想法:有些博主演得太假了,广告太多了,有些"托儿"太明显了……在这样的环境之下,笔记的真实性显得尤为可贵。

当然，内容的真实性可以是"有意为之"，也就是说品牌可以通过自身努力，营造出极具真实感的笔记，让用户相信。

比如，品牌可以随机邀请一些目标用户来试用产品，拍摄他们使用产品的过程，并记录他们使用产品后发生的改变，让其他用户感受到产品的真实效果；还可以打造一些素人号，并且给素人号打造一个与目标用户群体贴合的人设，再让这些素人在不经意间提到产品等。

二、美

向往美好生活是人的天性。在移动互联网走进千家万户后，用户的视野不再局限于自己和周围的人。通过互联网，用户能够看到大江南北、风格迥异的各种生活方式，用户与用户之间突破了圈层束缚，打开了地域限制，那些美好的风景、动人的故事，时时刻刻都在用户心中留下深刻印象。

这也就是那些分享美景、美人、美食、美物的笔记如此受欢迎的重要原因。一位小红书博主分享了自己"2021年拍到最漫画感的9张照片"，笔记中她记录了自己在大理无量山、甘孜雅拉雪山、川西月亮湖、海南神州半岛、新疆赛里木湖等地拍摄的照片，每张照片都犹如漫画般美好，引人遐想。截至2022年6月20日，这篇笔记获得了5.6万点赞、2.6万收藏和2000多条评论，如图3-12所示。

除此之外，一些家居博主分享的家庭照片也很容易激发用户的阅读兴趣。在忙碌的城市生活中，家是人们能够停下脚步歇息的重要场所，很多用户希望拥有属于自己温馨、美好的小家。有的博主分享的、自己家的照片受到了用户的广泛喜爱，如图3-13所示。

图3-12 笔记"2021年拍到最漫画感的9张照片"

图3-13 笔记"89平方米的小家，干净整洁就已经很好看了"

品牌在撰写笔记正文时，要从美的角度出发，拍摄出令用户心向往之的照片、视频，从而提升笔记成为爆款笔记的概率。

三、奇

小红书笔记标题中提到的引发用户好奇心与内容上的"奇"是相对应的。人天生就有猎奇心理，如果品牌发布的笔记内容超乎用户的想象，是用户未曾涉及过的领域，那么用户自然会对其产生好奇心。

比如，有一位博主尝试了用洗碗机洗小龙虾。因为几乎未曾有人这样做过，所以很多用户迫切地想知道洗碗机究竟能不能将小龙虾洗干净。这位博主在尝试后得出结论：洗碗机能洗小龙虾，而且洗得非常干净，如图3-14所示。

图3-14 笔记"洗碗机可以洗小龙虾吗?真的是太可以了!"

四、趣

小红书作为一个内容社区,在其诞生之初就具备了满足人们对娱乐化、趣味化内容需求的功能,有趣的笔记内容能够引人发笑,给人带来快乐。

趣味化内容的呈现方式有很多,品牌可以自编自演小品、段子,也可以进行夸张、搞怪的表演,能够"戳中"用户"笑点"的内容,都算有趣。有趣的笔记能进一步拉近品牌与用户之间的距离,使用户在无形中接受品牌。

比如,有些宠物玩具品牌会将宠物玩玩具的片段记录下来,宠物又可爱又有趣,很容易引起用户的喜欢。养宠物的用户在看到这样的笔记后,会不自觉地想给自己的宠物也买一个同款玩具,让自己的宠物也感受到同样的乐趣。

但需要注意的是,品牌应尽量避免使用一些低级趣味的内容,那些内容并不能真正打动用户。要想使笔记内容具有

"高级趣味"，品牌就要挖掘生活、工作中那些真实发生的趣味故事。

五、干

获取信息、增长见识是人们使用小红书的重要诉求。无论在哪个领域，能够提供干货知识都会受到用户的喜爱。

有一位小红书博主发布了一篇标题为"如何提高说话时的瞬时反应能力？"的笔记，这位博主在笔记中写道："很多时候，我们往往会懊恼，如果当时那么说就好了！"这是许多用户在表达上的痛点，在看了这个文案后，在瞬时表达上有障碍的用户，会立刻点击查看笔记内容，学习瞬时表达方法。

截至 2022 年 6 月 20 日，这篇笔记获得了 1.8 万点赞和 1.6 万收藏，如图 3-15 所示。

图 3-15 笔记"如何提高说话时的瞬时反应能力？"

这很符合干货类笔记的特征：收藏量非常高。用户在查看笔记时，通常无法一遍记住笔记内的所有方法，又担心下次看不到了，于是产生了害怕失去的心理，继而会产生收藏笔记的行为。

比如，想减肥的用户在看到减肥、瘦身、减脂笔记时，通常会情不自禁地点个收藏，在潜意识里希望自己照着笔记去做，达到减肥的目的。即使后来他们再也没有点开过这篇笔记，但依旧不妨碍他们在看到同类笔记时再次点收藏。

品牌在撰写笔记正文时，可以针对目标用户发布干货教学视频、图文解说笔记，为用户提供有效信息，吸引用户关注、点赞和收藏。

六、矛

在上文中我们提到爆款笔记必备的要素之一是笔记内容要让用户产生情绪起伏，而令用户产生情绪起伏最关键的是在笔记中制造矛盾，以引发用户对某一方的支持。

比如，某位博主发布了一篇标题为"把老公卖了也要买的 16 件智能家电"的笔记，就在无形中激发了用户评论的欲望。有用户在评论区评论道"老公不值钱，卖出去还得倒贴"，表明夫妻之间存在的矛盾，引发了"妻子们"的共鸣。

品牌在撰写笔记正文时，可以利用一些常见的矛盾与冲突，比如工作与生活之间的矛盾，父母与子女之间的矛盾、夫妻矛盾、婆媳矛盾、兄弟姐妹之间的矛盾等，但不要挑起争端，引发矛盾双方的对立，以免造成不可挽回的后果。

【抄作业】

- 四感：沟通感、痛感、情感、正感。
- 六字：真、美、奇、趣、干、矛。

3.4 设封面：让点击率噌噌涨的封面优化法

打造爆款笔记的第四颗胶囊是"设封面"。

封面是影响笔记点击率的一个重要原因，重图轻文是小红书的特点。品牌运营者在选择好主题、起好标题、写出正文后，还要优化好封面，制作出高点击率的小红书笔记封面图。想要点击率噌噌涨，封面优化这两点不可少。

3.4.1 笔记封面尺寸选择

在思考笔记封面的具体内容与表现形式之前，品牌需要先对小红书平台上常见的笔记封面的尺寸进行深度了解，因为尺寸的选择将会对品牌图片呈现内容的搭配、布局等各种设计造成影响，因此，品牌需要在一开始便确定好封面的尺寸，以保证最终的图片设计效果。

一、图文笔记

首先是图文笔记的封面。除了可以保持原图的尺寸以外，小红书官方还有三款图文笔记封面的推荐尺寸（见图3-16），分别是3:4的竖图、1:1的正方图与4:3的横图。这三种尺寸是基于小红书的瀑布流笔记呈现页面推荐的，在信息观感上相比其他尺寸更有优势，因此推荐品牌尽量在这三款官方推荐尺寸中进行选择。

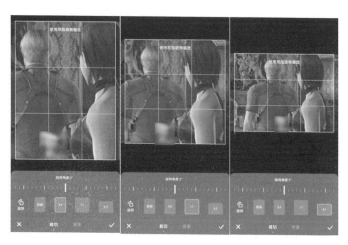

图 3–16　同一图片在不同比例下有不同的呈现效果

二、视频笔记

其次是视频笔记的封面。在小红书上,品牌可以上传任意画面比例的视频,然后自行选择封面(见图 3–17)。

图 3–17　视频封面可自行选择

但是对于视频封面的尺寸，小红书却给出了统一的设定。如果品牌上传的视频是横屏视频，那么封面便是4∶3的尺寸，如果品牌上传的视频是竖屏视频，封面则是3∶4的尺寸（见图3-18）。

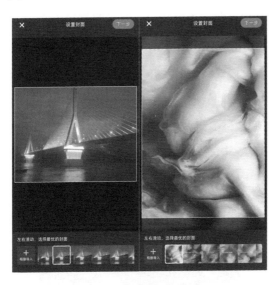

图3-18　视频封面固定尺寸

需要注意的是，由于小红书是一款手机软件，根据手机用户的使用习惯，无论是图文笔记还是视频笔记，3∶4的竖图尺寸是最容易大面积呈现品牌想要表达的画面信息的尺寸，因此，推荐品牌在选择相关图片内容时，尽可能地选择3∶4的竖图（视频）尺寸进行设计与内容制作。

3.4.2　图片设计的四个方式

确认了图片尺寸这样的基础信息后，品牌就需要找准图片的风格方向。虽然品牌往往有自己的风格基调，但是小红书是

第 3 章 爆文胶囊：批量生产爆文

一个更具亲和力的年轻化种草平台，品牌如果仍然延续自身在其他场合下的常规风格，则不但会有很强的广告营销感，而且也很难吸引早已对相关风格"审美疲劳"的用户的目光。我通过拆解上千篇爆款笔记的案例，归纳、总结出了以下四类在小红书拥有较高使用率与用户欢迎度的封面图片。

一、拼接海报

拼接海报形式的封面图是小红书上尤为常见的形式，通常是由多张具有相同元素或意义的图片拼接而成（见图3-19），更加精致的设计则可能还会进行抠图、排列等设计。这类拼接

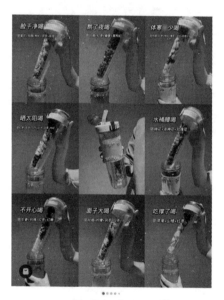

图3-19　某水杯品牌的图文笔记首图

海报式的图片通常可以在一张图的尺寸下展示非常丰富的信息,当单一的图片已经不足以概括、表现品牌想要表达的内容时,就可以选择这种形式的封面图片。

这一类型的封面图片通常较多地运用在盘点、种草以及旅游或穿搭的攻略分享笔记中,不仅可以呈现丰富多元的信息,最大限度地吸引抱有不同兴趣、目的的用户进一步关注,还能降低品牌与用户之间的距离感,营造出更加生活化、更具吸引力的"种草"氛围。

但需要品牌着重注意的是,这类拼接海报式的封面图片需要保持配色、构图上的整洁与清晰,避免图片太显凌乱,毫无重点。因此,品牌在进行元素拼接的时候,需要对相关元素的风格、色调以及氛围做出严格的把控、细致的调节,争取做到整张图片虽然元素众多,但也能协调一致,有详有略。

如果在丰富的元素拼接中,品牌有重要元素需要重点突出,则可以通过颜色调整等各种方式进行处理,争取做到让拼接海报的主题一目了然。

二、标题海报

有一些笔记的主题与内容,可以通过简单的图片式信息来体现,但是有的笔记主题与内容必须借助文字信息才能表达清楚,那么对于这类笔记的封面图片品牌又应该怎么设计呢?

答案便是为笔记制作标题海报(见图3-20)。

如图3-20所示,如果这样一张图文笔记的封面没有中间那段显眼的标题,用户或许很难从这样一张图片中知晓该篇笔记的内容主题,许多人便会在一开始就快速地划走。在大量用户不过是利用碎片化的时间快速在小红书获取信息时,简洁明了地突出标题不失为一种稳妥有效的办法。

第 3 章　爆文胶囊：批量生产爆文

图 3-20　某篇图文笔记的封面图

值得注意的是，对于这类突出标题的海报式封面图片，最好不要设置太高的对比度与饱和度，品牌应尽量选择同色系物品相配合的背景图，必要时可适当进行模糊、滤镜叠加等处理，尽量让背景图片在营造氛围的同时，不影响文字标题的显眼表达。

三、对比类图片

用对比类图片作为笔记的封面图片，同样是小红书上的常见做法。这一类型的封面图片通常应用于美妆、护肤产品的测评笔记中，或者穿搭改造的分享笔记中，抑或是健身减肥的展示笔记中（见图 3-21）。

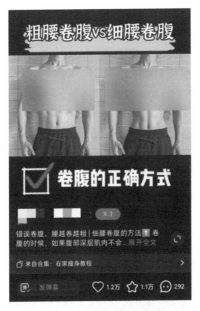

图3-21 将对比类图片作为封面图片的笔记

对比类图片最大的功能,便是通过拥有巨大反差的两张或多张效果图的对比,为用户带来较强的视觉冲击。

不过,在设计与使用对比类图片的过程中同样需要注意许多问题。品牌必须首先明确,选择对比图的核心原因是为了突出变化,而不是纯粹为了展示。因此被拿出来对比的两张图必须有真实且较大的差距,只有这样才能让用户在刷到相关信息的第一时间就被吸引,并且愿意停下来进一步欣赏、了解。

与此同时,选择这一种方式的品牌小红书运营团队不能为了追求差距而进行任何形式的弄虚作假,虚假、失实的图片不仅不能吸引到更多有效目光,甚至可能会让品牌陷入"狼来了"一般的信用透支困境之中。无论是目标用户还是非目标用户,显然大家更喜欢具有强烈真实感的东西与事情。

四、纯文字图片

纯文字图片风格的封面图片乍一看似乎与标题海报的形式极为相似，事实上却有不一样的使用场景和效果。

标题海报形式的封面图片虽然也在突显文字标题，但还十分重视背景图片与文字标题的配合，以及背景图片在整体氛围上的功效。但纯文字图片形式的封面图片则完全由文字向所有用户传达笔记的相关信息与情感，并不需要借助任何图片来补充信息和调节氛围（见图3-22）。

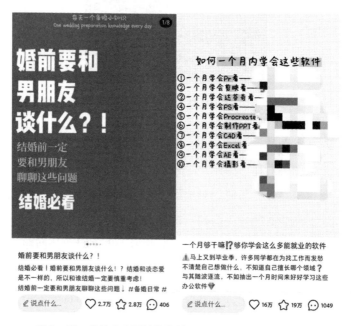

图3-22 将纯文字图片作为封面图片的笔记（两种形式）

纯文字图片适用于硬核教程、知识科普、干货分享等类型的笔记，这类笔记由于涉及的内容过多，且有时需要通过文字排版来更准确地传达信息，因此便非常需要这种纯文字排版的封面图片，通过相应的标题、关键词，甚至思维导图等信息，引起相应目标用户的关注，并第一时间向用户传达该笔记的核心内容。

值得注意的是，虽然是纯文字图片，但是品牌也需要关注其设计，不能让图片中的文字显得太过随意和杂乱。

【抄作业】

- 图文笔记封面尺寸：3:4/1:1/4:3。
- 视频笔记横屏封面尺寸：4:3，竖屏封面尺寸：3:4。
- 推荐封面图片形式：拼接海报、标题海报、对比类图片、纯文字图片。

3.5 定关键词：三个方法精准布局关键词

打造爆款笔记的第五颗胶囊是"定关键词"。

在小红书内容打造的过程中，笔记的标题、封面和正文中都涉及定关键词，关键词是否精准，对于笔记能否成为爆款起到了关键性作用。

为什么定关键词在内容打造中如此重要？这与用户使用小红书的逻辑息息相关。使用小红书的用户通常分为两种类型：一种是无目的闲逛型，一种是有目的主动搜索型。

无目的闲逛型用户打开小红书，只是为了消遣、娱乐，没有明确的目的，只在推荐页面浏览笔记，通常我们称这种用户是在"刷"小红书。这类用户在推荐页看到感兴趣的笔记后，会点击查看笔记内容，如果被笔记内容吸引，便有可能下单购买产品。比如，佩妮闲来无事，打开了小红书，"刷"到了一篇妆容教学笔记，很感兴趣，便购买了博主同款化妆品。

有目的主动搜索型用户是带着问题使用小红书的，他们会直接在搜索页搜索感兴趣的内容，通过笔记的标题、封面或是正文，来确定查看哪一篇笔记，最终在多方比较后下单购买产品。比如，小燕想购买一款眼线笔，但她不知道哪种眼线笔适合她这样的新手，于是到小红书上搜索"新手眼线笔"，最终通过笔记推荐购买了一款眼线笔。

在这个逻辑之下我们可以发现，无论是无目的闲逛型用户，还是有目的主动搜索型用户，选择是否点击查看笔记都受关键词的影响。无目的闲逛型用户在推荐页看到自己看兴趣的关键词，会点击查看，继而才有后续下单的可能；有目的主动搜索型用户是在搜索页直接搜索关键词，找出自己需要的笔记。

因此，品牌在打造笔记内容时必须定出用户想看的关键词，才有可能打造出爆款笔记。

那么，品牌如何定关键词呢？我总结了三种方法，帮助品牌精准布局关键词。

3.5.1 寻找上升期热搜词

定关键词的第一个方法是寻找上升期热搜词。

热搜词是当下用户感兴趣内容的即时呈现，找到上升期热搜词，并在笔记内容中将这些词作为关键词呈现出来，能大大提升用户的点击率。

寻找上升期热搜词主要有两个渠道：一是从小红书搜索页上寻找，二是在第三方数据平台上寻找。

一、从小红书搜索页寻找上升期热搜词

在小红书搜索页上，有"猜你想搜"和"搜索发现"两个板块，如图3-23所示。

```
  Q 奶油尖榴莲                    取消
猜你想搜                        ○ 换一换
奶油尖榴莲          酒店便宜订
男女身高对比图        ins风店名
▇花露水            鸡蛋的神仙吃法

搜索发现
• 孔子真的受了查分前那一拜 🆕    724.9w  —
• 开车上班后被发现我是贫困户      496.7w  ↑
• 绣球花也在夏天分手           479.4w  ↑
• 它以为自己叫黄鼠狼           392.9w  —
• 我要是婆婆的女儿就好了        359.3w  ↓
• 成为被蝴蝶选中的孩子         348.6w  ↑
• 我重新定义了小清新 🆕        304.7w  ↑
• 毕业15年再做室友            304.1w  ↓
• 我成为了别人的眼睛           270.1w  ↓
• 与你同看一片落日晚霞          251.3w  —
```

图 3-23　小红书搜索页

"猜你想搜"是将用户的兴趣偏好与当下用户频繁搜索的内容相结合得出的关键词。在 2022 年 6 月 25 日前后，小红书上流行开榴莲，肉多的榴莲被称为"报恩榴莲"，肉少的榴莲被称为"报仇榴莲"。由于用户在打开榴莲之前并不能知晓肉多还是肉少，因此用户会在小红书上搜索挑选榴莲的方法，而图 3-23 中的第一个关键词"奶油尖榴莲"就是用户总结出的肉多榴莲的特征。

品牌如果有与榴莲相关的产品，则可以带上这个关键词，用户搜索关键词时，便会搜索到品牌发布的笔记。

"搜索发现"是一些热门笔记的标题，通过右边的箭头可以看出笔记热度值的上升与下降。品牌可以通过这些热门笔记，总结出正在上升期的热搜词。比如，在"孔子真的受了查分前那一拜"中，最关键的词就是"查分"。

二、从第三方数据平台寻找上升期热搜词

除了小红书平台，一些第三方数据平台也会对小红书热搜词进行分析。比如，新红数据这个平台就会公布每个时间段小红书上的热词，2022年6月27日的热词第一名就是"美食"，有相关笔记1.31万篇，热度值达到了46.71万，如图3-24所示。

图3-24 新红数据上的热词榜单

通过寻找上升期热搜词，品牌可以发现近期用户的关注点所在，然后根据这些上升期热搜词确定笔记关键词。

3.5.2 选择细分关键词

第二种寻找关键词的方法，就是在品牌所涉及的产品领域内选择细分关键词。相比专程寻找有大流量、高热度的上升期关键词，寻常的细分关键词显然更像是在"捡零碎"，看上去似乎并没有办法在短期内为笔记带来可观的热度，可是实际上，使用细分关键词的重要作用体现在其长尾效应上。

选择细分关键词并不是让我们完全放弃大流量的关键词，而是让我们在其基础上将自己的笔记分类到最合适的细分"支线"上，通过一层层深挖出来的细分关键词，使自己笔记的定位更精准。

比如，当品牌笔记的核心词是"眼影"时，我们在搜索栏输入"眼影"，会发现整个小红书有近280万篇笔记（见图3-25）。与此同时，下面关联了诸如"眼影画法新手""眼影盘推荐""眼影画法教程"等关键词，这些关键词相比"眼影"而言，就是相对细分的关键词。

图3-25　搜索关键词"眼影"

如果品牌仅使用"眼影"作为关键词，那么就要和小红书上的200多万篇笔记竞争，这里面还不乏早已获赞颇丰的优秀笔记。但是如果品牌选择往下挖一层细分关键词，比如"眼影画法新手"，与这一关键词相关的小红书笔记立马便减少到了2万多篇，笔记所需要面对的竞争压力瞬间小了许多。

可即便如此，点进"眼影画法新手"我们会发现，点赞量最高的笔记足足有将近 14 万赞（见图 3-26），许多品牌看到这样的数据可能还是会担心：这个关键词下有成绩这么优秀的笔记，我们还怎么保证自己的笔记排名靠前？这时，我们就需要更加细分的关键词，在"眼影画法新手"之下我们还能找到"眼影画法新手单眼皮"这样的关键词，这就是品牌在沉淀之后，深挖出的更精准、竞争压力更小的细分需求。

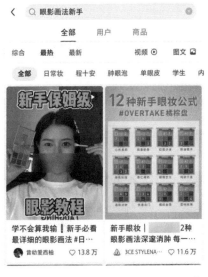

图 3-26　搜索关键词 "眼影画法新手"

品牌可以先在这样的细分需求内向目标用户呈现高质量的内容，得到更多的认可，当相关笔记收获了一定程度的点赞量与收藏量之后，其他用户在搜索"眼影画法"，甚至搜索"眼影"时，便也能看到我们的笔记——我们在细分关键词中收获的成绩，同样能让我们在"眼影""眼影画法"等大容量的关键词里得到靠前的"待遇"。

这就好比农村包围城市的策略,进可攻,退亦可守,品牌先从最容易攻克的地方入手,一步步靠一路的好成绩将自己的笔记推到竞争激烈的关键词中,博得最好的成绩。

3.5.3 打造场景化关键词

定关键词的第三个方法是打造场景化关键词。

打造场景化关键词,就是让关键词突出场景。这样做不仅能提升用户点击笔记的概率,还能更好地营销产品。在小红书2021年官方出台的热词中,我们可以发现许多关键词都是场景化关键词,如"在家健身""回家做饭""外出露营"等,笔记加入这些关键词后就更容易成为爆文。

小红书上有一篇笔记"一对90后夫妻的下班日常",在笔记中博主就写道:"白天努力工作,晚上回家一起做饭,生活不用太复杂,干净的圈子,规律的生活,舒服的人就很好~"这样的场景一呈现出来,许多90后都会产生向往之情,然后点击查看笔记,截至2022年6月20日,这篇视频笔记收获了1.2万点赞和4774个收藏,如图3-27所示。

还有一些回家给父母做饭、给孩子做饭的笔记的数据也很不错,同样是因为场景化关键词戳中了用户内心深处最柔软的地方。

品牌如何利用场景化关键词来营销产品呢?以"在家健身"为例,这是一个非常具体的场景,它告诉我们健身并不一定要在户外,在健身房、在家里也可以健身。品牌根据"在家健身"这个关键词,可以在笔记中推广健身软件、跑步机、健身服、运动鞋、瑜伽垫等诸多产品,既符合用户的期待,又让产品营销不突兀。

图 3-27 笔记 "一对 90 后夫妻的下班日常"

"回家做饭"也是一个非常具体的场景,且这个场景非常生活化,越来越多的人选择在家做饭,"回家做饭"已经成为一种新的风潮。高颜值的锅碗瓢盆、食材辅料、破壁机、厨房的刀具、冷鲜鸡肉等都是品牌可以根据这个关键词营销的产品。

品牌在打造笔记内容时,可以根据自身产品设定场景化关键词。比如,当产品是洗衣机时,品牌可以用"租房洗衣机""阳台洗衣机"等场景化关键词吸引目标用户群体;当产品是牛奶时,可以用"早上的第一杯牛奶""帮助睡眠的牛奶"等作为关键词在笔记中呈现。

【抄作业】

- 寻找上升期热搜词:小红书搜索页、第三方数据平台。
- 选择细分关键词。
- 打造场景化关键词:将产品融于场景。

3.6 拆爆文：那些爆款笔记是如何炼成的

打造爆款笔记的第六颗胶囊是"拆爆文"。

一篇好的爆文是怎么打造出来的呢？我在拆解了小红书上的3000多篇爆款笔记后，选出了其中六个领域的案例，并从选题、标题、正文、封面、关键词五个方面分析爆文的成因和特点，进一步帮助品牌体悟爆款笔记的打造方法。

3.6.1 母婴育儿类

在母婴育儿领域有一篇爆款笔记，标题为"孕吐的我吃完这个葡萄夹心雪糕！我活了！"。截至2022年6月20日，这篇笔记获得了6.6万点赞和2.1万收藏，如图3-28所示。

爆款笔记选题：这篇笔记不仅确定了目标人群"怀孕女性"，还确定了目标人群的状态"孕吐"，将目标人群的范围缩得更小。通常情况下，孕妇吃东西都要比较注意，且这位博主还有孕吐症状，博主以偶然发现的雪糕为切入点，表示自己吃过之后孕吐有所缓解，既真实又能引起同类人群的共鸣。

爆款笔记标题：标题虽然简洁，却十分吸引人。"孕吐"表明人群，"葡萄夹心雪糕"表明产品，"活了"表明状态和结果，将所有信息都阐述清楚了。

图 3-28　笔记 "孕吐的我吃完这个葡萄夹心雪糕！我活了！"

爆款笔记正文：笔记正文介绍了博主的孕吐情况，又阐述了无意中发现了这款好物，不仅解了孕妇的嘴馋，还缓解了孕吐。这让看到此篇笔记的用户很容易产生"吃了这个雪糕真的会有这样的效果吗？这款雪糕真的那么好吃吗？"等感受。

爆款笔记封面：这篇笔记的封面非常简单，和标题相衬。博主以展示雪糕的形式来介绍产品，没有过多的噱头，甚至没有文字标识，隐含着向消费者"种草"产品的意思。

爆款笔记关键词："孕吐""孕期饮食""雪糕"。

抄作业：当产品适用于各种人群时，品牌可以只取话题性最大的那类人群来缩小人群范围，往往这个时候的结果更令人满意，出现爆款笔记的概率也会比较大，当消费者有争议或者是有疑惑时,评论区便是他们交流的地方。

3.6.2 家居家装类

在家居家装领域有一篇爆款笔记,标题为"她说她的滑板到了,原来是鞋架啊~"。截至 2022 年 6 月 20 日,这篇笔记获得了 6.3 万点赞和 1.8 万收藏,如图 3-29 所示。

图 3-29　笔记"她说她的滑板到了,原来是鞋架啊 ~"

爆款笔记选题:这篇笔记将产品跨界玩转得淋漓尽致,以鞋架的外观特色——长得像滑板鞋来吸引用户,十分有趣。

爆款笔记标题:这篇笔记的标题运用了"事件+结果"的模式,"她说她的滑板到了"是事件,"原来是鞋架"是结果,用户看完一目了然。

爆款笔记正文：这篇笔记对于爱买鞋的用户来说十分实用，他们的鞋子多了之后没有地方收纳，会令整个房间看起来乱糟糟的。而这个滑板鞋架，既省空间又时尚美观，非常适合住在宿舍、出租屋等较小居所的用户。同时，用滑板做鞋架能让用户产生新奇感，因为此前几乎没有人这样做过。

爆款笔记封面：这篇笔记以鞋架外观为封面图，但这些鞋架和滑板很像，用户不看标题只看图片，会认为这就是滑板。在看了标题后，用户也会吃惊，不知道图片中的到底是滑板还是鞋架，因此会点击查看笔记，确认图片中的物品。

爆款笔记关键词："滑板""鞋架"。

抄作业：在产品既实用又有观赏价值的情况下，经过精心策划，做出爆款笔记的可能性很大。如果品牌的封面和标题太同质化，不妨换个角度看待产品，使用户看到它们独特的一面。家居家装类产品的用户往往更想看到产品的实用性以及美观性，适当地挖掘产品的独特优点或者缺点（对部分人群来说是缺点，但对另外一类人群来说却可能是优点），能让品牌笔记脱颖而出。

3.6.3 运动健身类

运动健身类爆款笔记有很多，其中有一篇超级爆款笔记"模特怎么瘦腿"。截至 2022 年 6 月 20 日，这篇笔记获得了 175 万个点赞和 138 万个收藏，连评论量都超过了 9000 条，如图 3-30 所示。

爆款笔记选题：这篇笔记是从目标人群和与竞争对手的差异两个方面打造的选题。首先这篇笔记的目标人群是想瘦腿的用户，这一点毋庸置疑。其次这篇笔记突出的是模特的瘦腿技巧，而模特与其他的运动健身类博主不同，他们并不追求练出一身肌肉，而是更看重身体的美感，这是许多用户所追求的。

图3-30　笔记"模特怎么瘦腿"

爆款笔记标题：众所周知模特都是又高又瘦的，模特的腿也非常纤细笔直，而"腿胖"又是令很多女生苦恼的事情，她们都渴望拥有像模特一样好看的双腿。因此，腿胖或者偏胖，想瘦腿的女性，看到这个标题，会产生好奇和疑惑：模特会用什么样的方法来保持好身材呢？模特的方法比其他运动健身博主的方法更好吗？我学习了这个方法后是不是也能拥有模特那样的好身材呢……当用户产生了好奇，自然而然就会点击查看笔记。

爆款笔记正文：这条视频的时长并不长，但在内容上有两个导入点,一是"模特",二是"瘦腿",既能吸引对模特感兴趣的用户,也能吸引对瘦腿感兴趣的用户。视频向用户展示了三种瘦腿技巧,并对博主瘦身前后的身材进行了对比,让这三种瘦腿技巧更具有可信度。

爆款笔记封面:这篇笔记用了一张身材匀称的女性,也就是标题中提到的模特本人照片做封面,在视觉上具有一定冲击力,增强了本条视频的说服力,将用户想看到的结果呈现出来,吸引用户点击。

爆款笔记关键词:"瘦腿""模特"。

抄作业:品牌在打造笔记内容时,可以借用名人效应,借助名人本身的热度为笔记增加点击率。

3.6.4 萌宠类

在小红书平台,萌宠类笔记也很容易出现爆款笔记。一篇投入较小的笔记"这些猫粮千万不能买"成为小爆款笔记,截至 2022 年 6 月 20 日,该笔记获得了 1870 个点赞和 1142 个收藏,如图 3-31 所示。

爆款笔记选题:这篇笔记的选题体现了竞争差异,通常情况下博主在推荐产品时,只会告诉用户什么样的产品应该买。而这篇笔记另辟蹊径,告诉用户什么样的猫粮不能买,不仅让用户规避了许多劣质猫粮,还让用户明确了猫粮的选择方法。

爆款笔记标题:这篇笔记的标题很好地调动了用户的情绪,"千万不能买",用强硬的语气告诫用户,能引起要购买猫粮的用户的警惕心。许多养猫用户想知道自己购买的猫粮有没有问题,或是不知道如何选择猫粮,就会点击查看笔记。

图3-31 笔记"这些猫粮千万不能买!"

  爆款笔记正文:博主首先讲述了避开劣质猫粮的方法,然后进一步向用户"种草"产品,显得更加专业和真实。

  爆款笔记封面:这篇笔记的封面突出了关键信息,将标题"这些猫粮千万不能买"做了着重处理,更加醒目、吸睛。同时在下方给出进一步解释——"小心害了家里的小猫咪!新手避雷必看!",让这篇笔记的主题更加清晰。

  爆款笔记关键词:"猫粮""新手"。

  抄作业:品牌在打造干货类笔记时,可以以知识传输——建议的形式贯穿整篇笔记,从源头解决问题,再引入好的产品,引导用户消费。

3.6.5 美妆护肤类

在美妆护肤领域,最近出现了许多以专业身份为依托,做美妆护肤知识传播的博主,也随之产生了许多爆款笔记。比如,有一篇标题为"985 化学硕士,4 年敏感肌,修护屏障我很懂!"的笔记,截至 2022 年 6 月 20 日,该笔记获得了 11 万点赞和 10 万收藏,火爆程度令人咋舌,如图 3-32 所示。

图 3-32 笔记"985 化学硕士,4 年敏感肌,修护屏障我很懂!"

爆款笔记选题:这篇笔记的选题也是从竞品差异入手的,没有千篇一律地推荐热门护肤品,而是依靠自己所学的知识以及实践经验,推荐了冷门但效果好的产品。

爆款笔记标题：这篇笔记的标题采用了"细分人群＋数字＋结果"的模式，以"985化学硕士"衬托后文"我很懂"，说明博主的专业性，有学位证明，更具说服力；"4年敏感肌"阐明了博主的经历，明确了博主的皮肤状态特性，会令同样的敏感肌人群感同身受；最后是笔记内容的重点——"修护屏障"，可以看出这篇笔记的主要内容是告诉用户如何打造肌肤修护屏障。其中，数字对用户形成了强烈的字眼冲击，能让用户印象深刻，过目不忘。

爆款笔记正文：这篇笔记主打的就是差异化内容，不仅是价格的差异化，也是产品及产品效果的差异化，内容中展示的都是一些冷门产品，说明博主没有跟风照搬其他笔记来搪塞消费者。而是将性价比高的产品分享给用户，更容易获得用户的好感。

爆款笔记封面：看到这篇笔记封面的第一眼，我们是不是会觉得有点搞笑？博主将自己的形象塑造成一个歪歪扭扭的小人，显得有趣又接地气。同时博主一改以往美妆护肤类博主总是推荐大牌护肤品的风格，以自己学到的化学知识为依托，告诉用户一些平价的护肤用品，并在图片中用"2000元"和"5元"做对比，差异化效果巨大，非常吸睛。

爆款笔记关键词："化学硕士""敏感肌"。

抄作业：品牌在打造笔记时，可以在笔记风格上做出差异化内容，尽量不要给用户留下单调、同质的印象。另外，在美妆护肤这种竞争性较强的领域，品牌要时刻学习、深度钻研，以过硬的专业知识应对市场变化。

3.6.6 美食类

美食类爆款笔记案例的标题是"土豆神仙吃法！！空气炸锅低脂脆脆薯饼！！"，截至 2022 年 6 月 20 日，这篇爆款笔记共获得了 3.4 万点赞和 2.4 万收藏，如图 3-33 所示。

图 3-33　笔记"土豆神仙吃法！！空气炸锅低脂脆脆薯饼！！"

爆款笔记选题：这篇笔记的选题从场景切入，营造了一种在家制作美食的氛围。

爆款笔记标题："土豆神仙吃法"这类标题的笔记显然就是教程笔记，点明了笔记的价值。"空气炸锅"点明了制作工具，可以吸引拥有空气炸锅的用户。"低脂"对于那些既想吃美食又担心长胖的用户来说具有一定的诱惑力。

爆款笔记正文：这篇笔记的人群定位较广，宝妈、学生党以及爱吃零食和小吃的人群都有可能学着笔记提供的教程，用空气炸锅制作这款美食。"在家做"强调方法简单、材料简单、手法简单，还详细介绍了具体食材的用量以及做法，更容易让用户产生学习的欲望。如果美食教程类笔记中的美食制作过于复杂，则用户很容易会放弃。

爆款笔记封面：美食类笔记的封面需要呈现出可口、精致、诱人等特点来吸引用户。封面图片中的菜品要色调明艳，如果能让用户看了之后不自觉地咽口水，则说明这张封面是成功的。这篇笔记的封面不仅好看、诱人，还使用了"热气腾腾"特效，让食物看起来冒着热气，显得更加诱人。另外，封面还呈现了许多信息，比如土豆块、番茄酱等，同样也暗示了用户需要怎样吃这款美食。

爆款笔记关键词："土豆""空气炸锅""低脂"。

抄作业：打造自身的特色是吸引用户关注的重要秘诀。品牌要精准地对用户进行营销，利用内容影响用户决策。

第 4 章

专业号运营：
四步获取流量密码

品牌在小红书上运营专业号，需要进行"搭、定、握、造"四个步骤。"根深之树不任风折，泉深之水不会涸竭"，只有将每个步骤都落到实处，我们才能运筹帷幄、布局千里，助力品牌"乘风而起"。

4.1 搭建专业运营团队

品牌在小红书上运营专业号，单凭个人的力量是无法完成的，需要持续输出内容，思考各种营销策略，拍摄照片、剪辑视频……每一步流程都很复杂，涉及多方面的专业知识。要想长期发力小红书，为品牌赋能，做好品牌宣传营销，第一步就是搭建专业运营团队。

4.1.1 小红书专业号运营是一把手工程

小红书专业号的运营虽然是交由运营团队完成的工作，但是这并不代表品牌专业号的运营工作完全由运营团队负责，和品牌的一把手毫无关系。事实上，品牌的一把手不仅要关注自身品牌在小红书上的专业号运营工作，还要将这项工作视为"一把手工程"。

为什么我坚持说小红书专业号运营是一把手工程？小红书专业号的运营不是简单的品牌宣传，如果品牌只是将小红书当作一个推广渠道，以它自身的优势来看，无疑有些大材小用。对于品牌而言，小红书是一个优质的品牌"孵化基地"，是品牌尤其是许多新锐品牌长远战略布局中极为重要的一环。

也正因为小红书的营销意义远不止于简单的推广，因此，品牌需要站在更高的角度，从战略全局出发，将专业号运营视作自己脱胎换骨的战场。显然，除了品牌的一把手，没有人能够拥有如此的敏锐且精准的全局把控力，也没有人能够对品牌的全局未来负责，只有一把手才拥有全局思维、决策权和人事权，所以品牌在小红书上的专业号运营必定是一把手工程。

正如当年那则公益广告所言，心有多大，舞台就有多大。在小红书专业号运营的过程中，品牌能看到多远，它的路就可以走多远。"一把手"的态度决定了品牌对小红书专业号运营的重视程度，也决定了品牌在小红书未来能达到的高度。我曾辅导过多个品牌运营小红书，无论是大品牌还是小品牌，做得好的总是一把手十分重视的品牌。

如果品牌的一把手认为，自己只需要组建一个团队，然后将所有运营事宜全部交给团队，自己可以解放出来去做其他的事情，那么这个品牌的小红书专业号运营一定做不好。

为什么？因为一把手对小红书专业号运营的重视程度，决定了运营团队能调动的资源有多少。如果一把手不参与、不投入、不支持，团队一没资源，二没底气，三没动力，那么最多只能将小红书专业号运营的"班子"搭起来，"唱"不出令观众喜爱的"戏"。

我曾辅导过一个品牌，他们在小红书上运营的专业号发布的内容也不少，只是粉丝量、点赞率等一直不见起色。这个品牌的负责人找到我时，直接对我说："庄老师，我把我的团队交给你，你负责帮我把他们带出来，我可以不用管。"听到这句话，我就明白这个品牌为什么做不好小红书专业号运营了。

我告诉这位品牌负责人，小红书专业号运营是一把手工程，他必须重视起来，并给予最大力度的支持，不能做"甩手掌柜"。

后来这位品牌负责人改变了认知，不再将小红书专业号运营作为分外之事，而是开始认真将这件事情纳入他日常的工作当中。他的团队小伙伴告诉我："现在我们和负责人沟通起来非常顺畅，我们想要的资源他也能帮忙争取。以前我们和他沟通的时候，他总是推脱自己很忙，小红书笔记的数据不理想也只是苛责我们，不愿意找深层原因。"

当然，我在这里强调的是一把手是布局者，不一定是做事者，是站在更高维度给予团队指导和帮助的决策者，并不需要事事亲力亲为。

我曾经发表了一篇文章，名为《毁掉小红书团队的20个方法，老板你要这么做》，引起了诸多小红书运营人的共鸣。文中的老板们又走入了另外一个极端，他们事事亲力亲为，并采取一些并不合理的方法对小红书运营团队进行管控。比如，要求团队花一万元做出三十万元的效果；极致追求互动数据，死磕互动成本；一言堂，不允许团队中有不同的声音……

我想强调的是，小红书专业号运营是一把手工程，品牌负责人应当站在更高的维度，以更高的视角统领全局，重视并支持团队，既不做"甩手掌柜"，也不要凡事亲力亲为。

4.1.2 团队的角色定位及搭建方案

小红书专业号的运营除了离不开一把手的重视与付出以外，还需要运营团队找准自己的定位。

品牌在做小红书专业号的运营时，通常都是为了达成三个目的：其一，从长远的品牌战略角度出发，做好优质的品牌内容口碑沉淀；其二，成功吸引目标用户群体的关注，并且将目标用户群体引流到品牌的成交目的地；其三，扩大品牌自身的曝光量，让目标用户群体反复多次地对品牌建立认知。

从这三个目的我们就能发现，小红书专业号的运营团队并非在做单一的宣传工作，他们需要具备更长远的目光与思考能力，需要能提供品牌自身魅力以外的吸引力，创造品牌自有流量以外的热度。

因此，我们在搭建小红书专业号运营团队时，可以从角色定位入手，选择相应的团队成员。

一、小红书专业号运营团队常见角色

基于小红书专业号的运营目的，我归纳出小红书专业号运营团队的四种常见角色，包括项目负责人、PR○、内容创作者和广告投放人。

1. 项目负责人

项目负责人需总揽全局，负责小红书专业号的渠道规划、数据监控，把握小红书专业号发展的大方向。项目负责人的主要职责包括但不限于内容运营，深入挖掘并分配和管理推广渠道、资源，整合可视化数据，客观分析问题并给予反馈，管理团队其他成员。

在团队搭建初期，项目负责人可能需要身兼数职，既要总

○ PR：Public Relations，公共关系，这里指企业公关职位。

揽全局,也要负责具体的运营工作。这就要求项目负责人对小红书专业号运营的各个环节都比较熟悉,具有一定的专业水准。项目负责人还要有较强的复盘和优化能力,能对过往的问题进行分析、总结,并带领团队将小红书专业号越做越好。

2. PR

PR主要负责对外工作,包括与其他博主对接,与外部服务商沟通,媒体合作活动方案策划,拓展和维护品牌媒体关系网络等。PR工作的主要目的是实施有效的公关传播手段,对品牌进行宣传。

3. 内容创作者

内容创作者主要围绕品牌风格和业务需要打造内容,负责小红书专业号的规划、更新和运营,对笔记的数据进行实时监测和评估,提升笔记的阅读量、点赞量、收藏量等数据。

内容创作者要时刻关注行业动态,深度了解并分析平台内容、受众等相关信息,关注同行业竞争对手的策略,以产出"爆文"。

4. 广告投放人员

广告投放人员主要负责品牌在小红书上的广告投放工作,要制定广告投放策略并执行广告投放方案,协调广告投放前所需要的素材和内容,实时监控广告投放数据并优化投放策略。

二、小红书专业号运营团队结构参考

根据小红书专业号运营团队的角色定位,我总结出了小红书专业号的运营团队的三种搭建方案(见图4-1),这三种方案主要在人员组成体量上与预算投入上有较大差别。

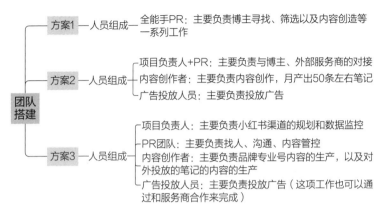

图4-1 团队搭建的三种方案

以上三种团队搭建方案均以品牌自运营为主，方案一选择单人运营的方式，一个人就是一个小红书专业号运营团队，单月的预算投入在10万元以内；方案二采取多人配合运营的方式，单月的预算投入相对较低，在100万元以内；方案三采取多个项目组合作运营的方式，单月的预算投入为数百万元。品牌可以根据自己的运营预算以及所需运营效果的工作量选择合适的方案。如果品牌希望打造出更具影响力的小红书专业号，则可以将运营团队进一步细化，做到专人做专事。

4.1.3　团队须掌握的五大能力

要做好专业号运营，就需要团队成员具备相应的能力。在选择团队成员时，我们可以从以下五种能力出发；对于已经搭建好的团队，也需要培养团队成员以下五个方面的能力。

一、能感知小红书平台的规则

没有规矩，不成方圆。品牌在小红书平台运营自己的专业号，就一定要熟悉小红书平台的各项规则。对规则的熟悉与了解,是为了保证自己的内容可以在平台完整、流畅地呈现,有效避免"出师未捷身先死",同时,也是在寻找自己得到最大流量的突破口,为自己在平台层面赢取最多的曝光机会。

首先,我们要关注相关的官方账号,对小红书平台的规则有深刻的了解。

其次,我们可以关注薯管家、薯队长、小红书成长笔记、小红书创作学院等官方薯账号。同时,根据不同的行业,我们也可以关注与自身品牌相关的官方专题薯账号,比如美妆品牌可以关注美妆薯、服装品牌可以关注穿搭薯等(见图4-2)。

图4-2 推荐关注的部分官方账号

最后，我们自己也要主动出击，关注自己手中专业号笔记内容的流量，通过团队运营的经验以及对同行相关数据的了解，全方位地总结造成自身笔记内容流量差的原因，感知小红书未详细列出，但客观存在的隐性规则，即目标用户的群体行为形成的约定俗成的"兴趣规则"，从经验与规律中找到提升笔记流量的突破口与改进方法。

二、会分析基础数据

专业号的运营不同于个人号的运营，需要更加精准的内容投放，以追求最佳效果。因此，小红书专业号的运营团队一定要具备分析基础数据的能力，从数据规律中找到最优的内容输出套路。

根据经验，我总结出了以下四个了解、分析基础数据的方向与步骤，以供参考。

第一步，了解专业号运营团队投放的不同内容、不同形式小红书笔记的曝光量、阅读量与互动量，并且计算出三者之间的比值。

通过这些数据我们可以分析出，什么形式的内容能带动怎样的行为，进一步寻找其中的规律与关联，比如为什么有的笔记拥有高点赞量、有的笔记拥有高收藏量。这样能方便品牌小红书专业号运营团队以后更加精准地根据想要的效果选择最合适的内容输出方式。

第二步，了解小红书专业号整体的笔记量、曝光量与互动量，计算专业号的投入产出比。

可以以月为单位，及时记录品牌小红书专业号阶段性的笔记量，以及相关笔记曝光量与互动量的数据比值，方便团队掌握小红书专业号笔记的内容质量与效果的变化，明确专业号的投入产出比，以更好地进行阶段性的工作规划。

第三步，关注品牌天猫店及微信端的相关客户数据，计算整体投入产出比。

品牌在了解清楚小红书专业号的相关数据之后，还需要对自身的天猫店与微信端的客户转化率进行了解与分析，尤其是微信端有效客户的增量。品牌将这些数据与小红书专业号的相关数据进行整合分析，计算出月度或者季度的整体投入产出比，明确小红书引流、客户转化的效果，以及接下来需要调整的方向。

第四步，进一步了解品牌电商平台的后台数据，并且理解相关电商数据专业词汇。

小红书专业号的运营团队不仅要深入了解小红书平台的规则和相关信息，还需要对电商平台的后台数据有专业了解。除了关注电商平台的访客量、转化率、复购率等重要数据以外，专业号运营团队还需要理解相关的电商数据专业词汇，比如PV（Page View，页面访问量）、ROI（Return on Investment，投资回报率）、UV（Unique Visitor，独立访客）……对相关专业词汇的了解与掌握，将有助于专业号运营团队进行准确的基础数据分析，为小红书专业号内容的精准投放添砖加瓦。

三、会分析竞争对手

在掌握这项能力之前，我们需要先理解小红书专业号运营团队分析竞争对手的原因与必要性。其实，对于竞争对手的了解与分析，充斥于小红书账号运营的各个阶段，因为笔记创作与投放，原本便需要提前了解、分析竞争对手的特点，然后进行模仿、升级，做到取长补短。

对于品牌专业号的运营团队而言，这一项能力显得尤为必要。因为我们对于运营效果的要求更严格,相比其他定位的小红书账号而言,品牌的小红书专业号更加追求精准高效,且重视自身的差异化表现。而这一切优质效果都建立在对竞争对手的深入了解之上。

那么,品牌的小红书专业号运营团队应该如何合理、高效地了解并分析竞争对手呢?关于这一点,我总结了十个专业号运营团队在分析竞争对手时需要关注的维度,可以有效帮助大家有节奏、有计划地对竞争对手进行了解。

- 分析竞争对手的品牌是什么样的定位,主要针对怎样的目标用户群体。
- 分析竞争对手的产品是什么样的定位,包装形式与产品风格是怎样的。
- 分析竞争对手在小红书上向各博主投放笔记的费用。
- 分析竞争对手在小红书上的专业号数据,尤其是对方的专业号矩阵排布。
- 分析竞争对手输出的爆款笔记的标题、封面、内容,了解相关笔记的阅读量与互动量。
- 分析竞争对手天猫店的销量,观察对方的数据波动。
- 分析竞争对手在小红书投放新内容后,其天猫店访客量与 ROI 的周期波动。
- 分析竞争对手在内容营销上的投放规划,看看对方都选择了什么样的渠道。
- 分析竞争对手每个月在各个渠道的推广费用,了解对方品牌营销推广的侧重点。
- 分析竞争对手在内容营销上设计的打动用户的核心点。

在明确我们需要了解并分析的十个维度之后，不少人可能会犯愁：那我究竟应该怎么做到对竞争对手进行如此详细的了解与分析呢？关于分析竞争对手的具体方法，我也总结出了以下五条实操经验。

1. 专业号运营团队可以购入竞争对手的产品亲自体验

需要的话，也可以让团队成员的亲友共同体验，但需切记，额外加入体验竞品的亲友需要是该类产品的目标人群，这样才能保证最终收获信息的准确度。

运营团队可以制作相关表格，根据体验结果详细罗列出同行的产品信息与主要卖点。与此同时，竞争对手天猫店的官方详情页以及产品评论区，以及相关提问里的所有信息也有极高的参考价值，不容忽视。同时，运营团队可以通过生意参谋、店透视等第三方数据分析工具对竞争对手产品的上架时间、销量波形、动作规律等专业信息进行详细了解，以准确分析竞争对手产品的销量波动与背后动作的关联，比如究竟是小红书的内容投放产生的影响还是天猫平台的相关动作产生的影响。

2. 专业号运营团队可以通过自行搜索、记录，或者借助相关第三方数据分析平台，搜集竞争对手在各个平台的内容投放数据

运营团队需要关注竞争对手的笔记数据背后的各项营销动作，留下数据、截图、链接等有效信息。关于对平台投放的了解重点，运营团队首当其冲要了解的就是小红书平台的相关投放，其次是抖音、微博、快手等平台的投放。对相关数据进行搜集、汇总之后，专业号运营团队可以根据自身的需求进行数据分析，形成竞品分析库。

另外，专业号运营团队可以通过搜索竞争对手的品牌名字或产品名字，定位对方投放过的 KOL 作品，并且了解对方自运营的账号矩阵规模、运营周期的起始，最终可以粗略估算出对方有效营销投放的费用投入。这对于运营团队合理估计自己的营销投放预算，也有一定的帮助。

3. 专业号运营团队要懂得将第三方数据分析平台的数据，与自己在小红书平台搜集到的数据做对比分析

虽然我们通过第三方数据分析平台可以更快速地了解到对方内容投放的情况，但是第三方平台作为参考性的数据分析工具，或多或少会存在一定的抓取不准确现象。比如，当竞争对手的笔记投放内容没有植入明显的品牌词，做了艺术化的加工或者隐蔽性的处理时，第三方数据分析平台往往抓取不到这样的内容，可这样的笔记内容也同样产生了实际的营销、宣传效果。

因此，为了最终分析结果的准确性，专业号运营团队应该将第三方数据分析平台的结果与自己在小红书平台的搜索结果做对比。这样的操作同时也方便专业号运营团队更加清晰地了解竞争对手小红书内容投放的账号矩阵模型，了解对方的投放重点集中在什么段位的博主，为专业号运营团队的排兵布阵提供更多有效参考信息。

4. 专业号运营团队可以在小红书平台搜集竞争对手投放过的博主笔记

运营团队应尽量收集至少 100 篇爆款笔记与 10 篇数据不理想的笔记。大家都明白分析爆款笔记的重要性，但分析数据不理想的笔记，却常常被大家忽视。同步了解竞争对手笔记投

放的优劣之处，不仅能帮助运营团队了解竞争对手的爆文套路，也能帮助运营团队了解同类笔记的投放雷区，让自己在后期投放笔记时成功避坑。

5. 专业号运营团队在分析竞争对手的笔记时，要集思广益，以用户视角进行感知与分析

思考竞争对手爆款笔记背后的逻辑是运营团队不可绕开的一步，但在分析的方式上，不少运营团队容易抓错侧重点。我们应该明白，爆款笔记的最大助力来源于目标用户群体。运营团队想要准确了解竞争对手爆款笔记的成功之处，首先需要将自己放在用户的位置上，思考自己如果是用户，看到这篇笔记是否会点赞，是否会收藏。同样地，分析数据不理想的笔记也要站在用户视角进行理解，思考自己作为用户不会在意这篇笔记的原因。

只有这样，运营团队才能真实了解到爆款笔记打动用户的点究竟是什么，而不容易"想当然"地从自身的营销视角出发，最终在分析上走弯路。当然，运营团队也要重视集思广益的重要性，单一的结论往往没有办法全面展现问题，运营团队在分析竞争对手的爆款笔记与数据不理想的笔记时，最好能开展内部的"头脑风暴"会议，在更多视角的碰撞中得出尽量准确的结论。

四、有产品、项目、品牌打造的方向感

虽然小红书专业号运营团队在运营账号的时候，首先是通过平台上直接呈现的笔记数据判断营销效果，但是，专业号运营团队应该在打造内容伊始就深刻意识到，所有的运营行为都应该具备产品、项目、品牌打造的方向感。

简而言之，专业号运营团队应该以终为始，将打造产品、打造项目、打造品牌作为核心目标，乃至初始目标，不能抱着"先有热度，再做产品/项目/品牌"的想法。要做好在一开始就攻克最难关的思想准备，保持一步到位的勇气与激情。有产品、项目、品牌打造的方向感，可以最大限度地提升专业号运营团队的工作效率，缩短团队实现最终目标的过程，减少不必要的"绕路"。

五、重视团队协作，有一位合格的团队领头人

团结就是力量，这句话在任何领域都是至理名言。作为小红书专业号运营团队，"团结"更是放大团队优势、消除团队缺陷的重要因素。一个优秀的小红书专业号运营团队，需要所有人都重视团队协作并具备互相协作的意识与能力，另外，一位合格的团队领头人也是促进团队协作的重点。

首先，专业号运营团队需要确认怎样才算具备团队协作能力，然后根据相应的要求评判、锻炼自己的相关能力，或规范自己的相关行为。具体而言，一个重视团队协作的团队需要在以下六个方面有能力的体现。

1. 拟定统一的目标

专业号运营团队需要有明确、统一的阶段性目标，确保所有人的方向一致，所谓同频。团队内部的每个人都应该知道自己在一个月的时间内需要做什么、达成什么目标，在一个季度的时间内需要完成什么任务，在半年的时间内需要实现什么目标……这些信息一定是明确的，并且保证拆解到了更小的时间节点。

运营团队统一目标后整齐划一的步调，可以确保运营团队所有成员力出一孔，劲往一处使，提升整体工作效率。而精细化的目标也将便于每个人掌握自己和团队成员的工作进度、工作方向，提供及时调整团队方案的空间。

2. 打造优秀的模板

凡是工作皆有手册，凡是手册皆有记录。手册上的重中之重，即运营团队开展各项工作的模板，模板是将运营团队的优质经验分享给团队中每个人的方式。模板越详细，大家越能进行快速学习，运营团队的工作效率也就越高。

想要打造一个高质量的模板，需要我们做好笔记内容的创作流程、发布诀窍等各种细节，乃至运营团队运作账号的各种思考，也应该有所体现。

3. 明确分工

正如人体的八大系统各有职责一般，一个团队的正常运转也需要有明确的分工。一个能成功实现团队协作的专业号运营团队，需要确保每一个环节都有专人负责，主要任务的负责人没有职责交叉，比如，有的人负责搜集、分析竞争对手的爆文，有的人负责与投放博主沟通交涉，有的人负责笔记内容的规划，有的人负责笔记内容的落实与执行……

明确且搭配得当的分工，可以让每个人都将自己的精力与时间重点分配在自己有优势的工作上，也有效避免了因责任划分不清或者责任划分不公平，造成不必要的工作失误甚至工作矛盾，提升运营团队整体工作效率。

4. 及时进行测试反馈

热点与大众喜好并非一成不变的铁律，多人总结的笔记内容创作经验，也不一定会是当下的最优解。因此，专业号运营团队在笔记类型的甄别与选择上，不能仅靠单一的经验做出判断,还需要结合大众的即时反馈。

这就需要专业号运营团队随时对笔记内容进行测试,并及时收集反馈效果。只有将团队自身的经验与他人的经验相结合,找到策略点,然后做出针对性的测试,运营团队才能找到最适合当下环境也最适合团队自身能力的笔记模式,选择最轻松的笔记创作之路。

5. 定时进行头脑风暴

专业号运营团队还需要做到定期开展头脑风暴会议,最好是一周一次,每次会议都需要团队成员将上一周遇到的问题与困难拿出来讨论。专业号运营团队虽然需要进行明确的分工,但分工的目的是为了更好地合作,头脑风暴的目的更是如此。同一个问题由更多人来看,往往能得到更多、更好的解决方案。

为了鼓励大家积极参与头脑风暴,专业号运营团队可以制定相应的奖励机制,比如,提出了高价值、可落地的建议,便可以获得现金奖励。

6. 赏罚分明

提及奖励,专业号运营团队的内部一定要制定一个赏罚分明的奖惩机制。如果在一个团队中,一个人做得好与坏、优秀与一般,都没有太大的差别,那么这个团队就很难全力以赴地努力做好专业号的运营。因此,专业号运营团队为了提升团队协作能力,在奖惩机制上大花心思也非常必要。

专业号运营团队的协作能力,需要靠合格的团队领头人激活,而一位合格的团队领头人,除了在以上六点中发挥作用以外,还应该深入了解、学习以下知识,提高自己的能力与认知水平。

深入学习小红书营销知识与电商知识,必要的时候跟随相关课程的老师进行专业学习，或者深入电商人的社群进行沉浸式学习；研究营销学及社会心理学，这方面可以通过多阅读进行实用性知识的加强，比如可以读《一个广告人的自白》《超级符号就是超级创意》《蓝海战略》《消费者行为学》等图书；在团队管理学上一定要下大功夫，除了可以自行阅读相关书籍，比如《卓有成效的管理者》《从优秀到卓越》《组织行为学》《孙子兵法》等以外，还要积极请教有管理经验的前辈，向他们学习实操经验，然后再依据自己在工作中积累的实践经验，总结形成适用于自己以及自己所带领的团队的方法论。

在开展以上学习、实践过程之前，团队领头人可以为自己制订一个成长计划表，这是对自己的一种有效督促，也是自我检验的标尺。

【抄作业】

- 小红书专业号运营是一把手工程，品牌负责人既不要做"甩手掌柜"，也不要凡事亲力亲为。
- 小红书专业号运营团队需要项目负责人、PR、内容创作者和广告投放人员等角色，这些角色可以自由搭配。
- 小红书专业号运营团队须掌握五大能力：能感知小红书平台的规则；会分析基础数据；会分析竞争对手；有产品、项目、品牌打造的方向感；重视团队协作，有一位合格的团队领头人。

4.2 精准定位账号

搭建了专业运营团队后,就要投入小红书专业号运营中去,但并不是马上注册一个小红书专业号开始运营,而是对账号进行精准定位,根据定位结果,打造小红书专业号。

因为品牌专业号并不像个人号一样,它代表着品牌的形象,一旦以品牌的名义发布了不恰当的信息,就很容易损害品牌形象,而且与品牌自身定位不符的内容,对品牌口碑的传播也没有太大的助力。在竞争日趋激烈的互联网阵地,小红书这块流量宝地已被越来越多的品牌知晓,品牌如果不先对自身账号进行精准定位,就很容易会在同质化的竞争中失利,从而失去小红书上的诸多用户。

那如何进行定位呢?我们要从三个方面进行分析:一是自我分析,即明确品牌是谁;二是用户分析,即明确品牌为了谁;三是产品分析,即明确品牌能为用户提供什么价值。

4.2.1 自我分析——品牌是谁

定位品牌专业号的第一步是自我分析,即明确品牌是谁。如果品牌自己都不能给自己明确的定位,那么品牌传达给用户的形象将是模糊不清的,很难令用户印象深刻。

在小红书个人号定位中，首先要进行运营方向定位，即明确个人号应该做什么。但品牌不需要选择小红书专业号打造方向，因为品牌运营小红书专业号的目的就是提升品牌影响力，推广品牌的产品。

基于这一认知，品牌在进行自我分析时，主要从四个维度出发，如图4-3所示。

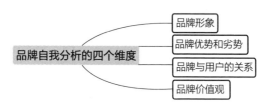

图4-3 品牌自我分析的四个维度

一、品牌形象

品牌形象包括显性形象和隐性形象两种。显性形象是指品牌呈现在用户面前的各种信息，比如品牌标识、品牌创始人、品牌广告语等；隐性形象是指品牌在用户心中的影响力、好感度、忠诚度等难以用具体数据说明的，但又真实存在的形象特征。

分析品牌形象，有利于品牌明确小红书专业号运营目标，统一品牌建设与小红书专业号的运营内容。比如，一家品牌对外的形象是活泼、与时俱进的，那么在打造小红书专业号时，就不能将账号风格定位为严肃、守旧的。

二、品牌优势和劣势

分析品牌的优势和劣势，是在进一步明确小红书专业号的运营侧重点。在运营小红书专业号时，品牌要学会将优势放大，让用户感受到品牌的长处。比如，有的品牌生产的产品质量好,但外观并不时尚,那么品牌在运营小红书专业号时,就要多从产品质量入手,少提产品外观。

三、品牌与用户的关系

品牌与用户的关系是品牌在过往与用户的相处中建立的,有的品牌热情,喜欢与用户互动;有的品牌"高冷",始终与用户保持一定的距离,以维持自身的神秘感。关系如何都无可厚非,但品牌在运营小红书专业号时,要维持过往与用户的关系,不建议发生特别大的关系变动。比如,以往热情的品牌突然"高冷"起来,用户会认为自己不被重视;以往"高冷"的品牌突然热情起来,用户会怀疑品牌是否出现了什么问题。

四、品牌价值观

品牌价值观是品牌定位的重要组成部分,品牌有什么样的价值观,就会输出什么样的内容。品牌的价值观相当于品牌运营小红书专业号的底线,之所以要对品牌价值观进行定位,是为了时刻提醒运营团队坚守底线。比如,有些品牌坚持以用户为导向的价值观,但在运营小红书专业号时却并不这样做,不顾及用户利益和社会利益,只以经济利益为导向,那么很容易受到反噬,使品牌的口碑受损。

品牌进行自我分析,主要的目的是得出能够代表品牌的标签,让品牌具有记忆点,然后通过运营小红书专业号将这些记忆点放大,从而获得更多用户的青睐。因此品牌自我分析得出的标签,可以直接体现在品牌专业号的名字、头像、简介、风格以及发布的内容上。

4.2.2 用户分析——品牌为了谁

所谓用户分析,是指品牌要知道自己发布的笔记是给哪些特定人群看的,即建立清晰的用户画像。确定这一点能够帮助品牌深入挖掘用户需求,提高专业号营销转化率。

用户画像是建立在一系列真实数据之上的目标群体的用户模型,即根据用户的属性及行为特征,抽象出相应的标签,拟合而成的虚拟的形象。通常情况下,品牌专业号的用户画像需要包括人群属性、用户兴趣和消费特征三个方面的要素,如表4-1所示。

表4-1 品牌专业号用户画像涵盖要素

用户画像		
人群属性	基础属性	年龄、性别、地域
	婚姻状况	未婚、已婚、离异等
	教育状况	学历、专业、院校
	家庭关系	小孩、老人(性别、数量、年龄)
	工作属性	地点、公司、行业、职位、收入
用户兴趣	社交习惯	线上:微信、QQ等
		线下:聚餐、唱歌等
	消费习惯	吃:美食偏好
		穿:衣着偏好
		住:住宿环境
		行:出行方式
	特殊爱好	运动、艺术、文学、游戏、动物、旅行、理财投资等
消费特征	经济价值	消费金额、消费频次
	购买行为	消费品类广度(消费涉及的产品)
		消费品类偏好(如偏爱红色等)
		消费看重因素(价格、质量等)
		消费优惠情况(优惠券、打折等)
		购买时间偏好(上午、中午、晚上等)
		竞品使用偏好(购买了哪些竞品)

那么，品牌如何得出自身的用户画像呢？这需要品牌进行大量的数据分析，收集相关用户的信息。

具体该分析哪些数据来得出品牌的用户画像呢？品牌可以从以下四个方面入手，综合分析后得出结果。

- 品牌既往购买者的数据特征。
- 竞品购买者的数据特征。
- 品牌高关联度用户的数据特征。
- 第三方信息平台提供的用户的数据特征。

明确用户画像后，品牌在选取专业号运营风格、打造专业号内容，以及与用户互动时，就能够更加精准。

4.2.3 产品分析——品牌能提供什么价值

品牌运营小红书专业号，更多的是进行营销，以售卖的产品数量来衡量品牌运营效果的好坏。即使有的品牌只用小红书来进行品牌宣传，不做营销活动，但其目的也是促进品牌产品的销售。因此，分析品牌的产品，也就是品牌能给用户提供什么样的价值同样重要。

对产品进行分析，主要是分析产品能够提供什么样的价值。用户购买产品，就是购买产品所具有的功能和产品使用性能，这种功能和使用性能，能否让用户感到物有所值、物超所值是产品销量好坏的关键。

品牌在运营小红书专业号时，要明确品牌现有的产品是否具有吸引力，如果没有，就要挖掘用户潜在需求，完善产品；如果产品本身已经具有很强的吸引力，那么就要围绕产品的价值点运营专业号。

产品的价值不分大小,能够给用户带来独特的价值体验最重要。在分析产品时,品牌要尽可能地分析出产品与其他同类产品的区别,展现出差异化优势。比如,市面上大部分小龙虾都是油焖、蒜蓉的,但有一个品牌的小龙虾是卤制而成的,比其他小龙虾的味道更鲜甜、更爽滑,那么这个品牌在做小红书专业号运营时,就可以从"卤制""鲜甜""爽滑"等角度出发,吸引用户的注意力,这就是该品牌小龙虾的卖点。

【抄作业】

- 自我分析:分析品牌形象、品牌优/劣势、品牌与用户的关系、品牌价值观。
- 用户分析:分析用户人群属性、用户兴趣和用户消费特征。
- 产品分析:分析产品价值。

4.3 把握专业号运营规则

不以规矩,不成方圆。品牌要想在小红书上获取流量,就要遵守小红书的运营规则。有些规则是平台制定的,所有人都能看到,这类规则品牌通常都不会违反;但有些规则是"潜规则",平台并不会直白地告诉运营者。我在辅导品牌进行专业号运营时,总结出 2021 年小红书公布新规之后中小品牌的应对方案,以及四个方面的运营规则,供品牌参考。

4.3.1 新规解读

2021 年第二季度,小红书公布了一系列新的规定,包括"臻美行动""号店一体""断开外链""打击软广笔记"等。新规发布之后,许多中小品牌陷入焦虑中,不清楚新规对自身品牌在小红书上的营销是否有利,为此,我对主要的新规进行了解析,帮助中小品牌正确避坑。

一、上线"臻美行动",打击虚假宣传

不是身处医美行业的品牌,可能对这一点没有深刻的体会。"臻美行动"是指甄别医美内容的虚实,这是 2021 年 6 月 1 日公布的信息,给 8 月 2 日上线的"号店一体"的专业身份

认证埋下了伏笔。

事实上,这项行动并不只是针对医美行业,而是对所有品牌敲响了一记警钟,也就是不能随便发表言论。涉及需要权威认证才能发表的言论,只有具有相应的资格、身份才能发表,要确保所发表言论的真实性,不能为了营销进行虚假宣传。

虚假宣传在医美行业中尤为明显,品牌或个人虽然具有一定的经验,但有时发表的言论较为片面,对用户存在误导性。小红书此举是在净化社区内容。

二、实行"号店一体",照顾中小品牌

"号店一体"中的"号",是指未来小红书站内只存在专业号和非专业号两种身份认证,所有账号主体均可以申请认证专业号,覆盖个人、品牌、机构等多种群体;"号店一体"中的"店",是指小红书打通商城店铺和个人薯店体系,统一称为"小红书店铺"。

"号店一体"是指在账号端和店铺端的双向革新下,账号和店铺将进行强绑定,"号"与"店"紧密连接,品牌只开店、不运营账号的时代一去不复返。

实行"号店一体"后,中小品牌能够从中获益,主要体现在以下三个方面:

- 零门槛开店:取消粉丝数达到1000才能开店的门槛,现在是零门槛开店。
- 佣金门槛:月销售额1万元以下的店铺不收佣金,1万元以上才收取5%的佣金。
- 结算周期快:之前资金是30天结算一次,现在是7天就可以结算。

从以上这三个方面来看,"号店一体"规则对于中小品牌有直接好处,使中小品牌的运营成本降低、资金流速加快。"号店一体"规则还将小红书的社群内容和电商业务结合得更加紧密,能够缩短小红书站内的交易链路,有利于中小品牌的发展。但这一规则同样提高了中小品牌的账号运营标准,要求中小品牌打造出更加优质的内容,不能再只做营销、不运营账号。

三、断开外链,增强用户体验

断开外链是指小红书关闭带货笔记中的商品外链权限,包括小红书商城和淘宝天猫商品链接,直播带货的外链功能不变。

对于小红书的这一举动,很多人表示不解,也愤愤不平,但对此我十分支持。从品牌的角度来考虑,我们在发布小红书笔记时植入外部商品链接,真的能够带来大量的转化吗?我想这并不容易。从用户的角度来考虑,用户打开笔记时,看到带有浓厚商业属性的外部商品链接,真的不会感到厌烦吗?当然会。从长远的角度来考虑,如果用户一打开小红书,就看到到处都是商品链接,而看不到任何有价值的真实生活分享,那么用户就很有可能告别小红书,转而使用其他平台。

因此,断开外链能大幅提升用户观看笔记时的体验,有利于品牌长期维护用户。

四、打击软广笔记,优化用户体验

软广的内容呈现,一部分是博主的笔记内容,一部分是品牌账号笔记的内容。小红书打击的是误导用户的笔记内容。例如，博主因为接了品牌的产品推广，便只会在产品的优点上大做文章，而在不足上只字不提。这样的笔记看起来就属于软广。

打击软广笔记的目的也是优化用户体验，不让品牌进行过度美化的推广，以免让用户收到产品后感到和笔记内容不符。

五、新规实施后对六种角色的影响

每次新规实施后，必然对以下六种角色产生影响。

第一种角色是用户。以用户为重是任何一个平台都重视的问题。新规实施后，用户的体验感会大大增强，这有利于平台的长远发展。

第二种角色是博主。此次新规对于博主而言有一些负面影响，但平台不会严打分享有价值内容的博主，只要自身笔记的质量高，就不必担心规则的影响。

第三种角色是品牌。品牌要把自己当成用户，因为无论小红书平台的规则如何调整，不会改变的一点就是用户体验。当品牌把自己当成一个用户时，看待问题的角度就会改变。为此，品牌需要在内容上下功夫，深耕内容营销，洞悉目标用户的喜好。

第四种角色是 MCN。MCN 应该在深度了解平台的动向后，精准孵化博主。

第五种角色是机构。这里的机构并不是指 MCN 机构，而是小红书平台上的营销广告公司，或者服务商。机构也应当根据平台动向来调整自身服务。

第六种角色是平台。平台需要商业变现，也需要用户的认可,还需要以上的角色共同配合,需要兼顾多方利益,走出适合自己的道路。

对于小红书新的规则,我们要认真对待、积极应对。

4.3.2 发布规则

小红书专业号的发布规则包括发布时间、发布频率、发布效果等几个方面。

一、专业号笔记的最佳发布时间

专业号笔记的最佳发布时间可以参考小红书站内流量的高峰时间,比如,在工作日的时候,7—8点、12—14点、18—23点是流量高峰,而在节假日和周末的时候,站内基本全天都是流量高峰。

每个品牌提供的价值不同、目标用户群体不同,账号定位也不同,不同的目标用户活跃时间也不同。如果不根据目标用户群体的活跃时间发布笔记,错过最佳发布时间,品牌就很容易丧失大量流量。

比如,有的品牌的目标用户群体是职场人士,却总是在上午10点或下午3点发布笔记,这时该品牌的目标用户群体都忙于工作,根本无暇关注手机信息,所以其笔记发布后很长一段时间内,都不会得到大部分目标用户群体的反馈。如果该品牌将笔记发布时间更换至中午休息时间,或是晚上6点以后等职场人士有空闲的时间,效果会好很多。

因此,品牌要根据产品所针对目标用户群体的普遍休息和放松时间做好发文测试,尤其是在品牌运营初期,可以多次在不同时间段发布笔记,监测笔记的数据情况,得出最适合品牌产品的发布时间。

二、专业号笔记的最佳发布频率

明确专业号笔记的最佳发布时间后，品牌还要弄清笔记发布的最佳频率，是一天一篇、一天三篇，还是三天一篇，这些也要精心设计，以达到最佳效果。

通常情况下，品牌专业号最好能够日更，即每日都要发布笔记。如果精力有限，至少也要保证2~3天的笔记更新周期，否则专业号将很难维持账号热度。用户如果喜欢品牌发布的笔记，那么便会对品牌的笔记抱有期待，如果品牌专业号长期不发布下一篇笔记，用户会产生失望的心理，就会很快失去对品牌的好感。用户如果对品牌发布的笔记既谈不上喜欢，也谈不上不喜欢，那么品牌更应该坚持发布笔记，培养用户的观看习惯，逐渐使用户习惯于观看品牌的笔记。

另外，虽然最好坚持日更，但品牌也不要在一日内发布多篇笔记，每日最佳发布篇数为1~3篇。如果品牌每日发布的笔记过多，就会让用户产生被信息"轰炸"的感觉，适得其反。

三、发布后数据不好的笔记要不要删除

专业号主页数据的美观度与高质量视觉效果的确较为重要，这对于专业号的关注率有一定的积极影响，因此对于数据不好的笔记品牌可以根据需求酌情删除，除非专业号在短时间内连续删除大量笔记，否则删除笔记的行为不会对账号产生什么影响。事实上，除了直接删除，对于数据不佳的笔记，品牌也可以选择将相关笔记的权限更改为仅个人可见。

另外，针对出现违规情况的笔记，品牌可以先尝试进行申诉，如果第一次申诉失败则可以选择修改笔记内容，如果修改两次以后仍然提示违规，则品牌应该选择删除或隐藏。

4.3.3 活动规则

在使用专业号做营销活动、引流活动时，品牌要遵循一些潜在规则，从而更好地维系用户。

一、合理利用抽奖活动

第一，从平台层面来说，我不建议品牌专业号频繁使用抽奖工具。"薅羊毛"用户关注"抽奖"话题并利用群控参与抽奖活动的情况并不少见，这导致抽奖活动有时候吸引来的用户不是真实目标用户群体，不能给品牌提供明显的用户价值。

第二，从账号层面来说，合理利用专业号独有的抽奖功能，能帮助专业号打造一个漂亮的粉丝量门面，因为通过奖品带来的流量增量十分明显。我们可以通过比平时的笔记流量高许多的抽奖数据，筛选出真正的意向用户。同时，抽奖对后台访客的提升也有很大的帮助，可以提升路转粉的效率。

因此，我建议品牌将抽奖、体验官类的笔记作为专业号置顶笔记，有吸引力的奖品可以有效"拦截"通过某篇笔记进入主页的过路用户，也可以提升二次促活老粉丝的概率。

二、尽量避免举办非真实活动

有些品牌专业号为了提升用户互动率，会举办一些虚假活动，比如，将中奖名单定为内部工作人员，或是提供与承诺不相符的奖品。这些虚假活动虽然可能不容易被用户发现，暂时吸引到一部分用户，但不利于品牌长期声誉的积累。

三、坦诚地发布广告

小红书平台的新规并不是要求品牌不发广告，不做推广，而是让品牌在文案中清楚地标注出这是一则广告，大大方方地展示给用户，这样用户反而更容易接受，不会产生被欺骗的感觉。

四、公布真实的数据

有些品牌为让数据呈现好的效果，会对数据进行人工干预，这种情况也是小红书平台严打的。对于人工干预产生的点赞、收藏、评论等行为，平台会进行判断，如果某个账号经常给其他笔记点赞、收藏和评论，必然会被平台识别。品牌不必营造虚假的数据，不然也很容易受到平台的警告。

4.3.4 展现规则

品牌在运营专业号时，有时会遇到发布了笔记之后，迟迟没有用户浏览的情况，或是浏览人数非常少。有些品牌会怀疑是不是小红书平台限制了自己的流量，实际上笔记不违规就可以正常展现，这点毋庸置疑。

小红书遵循千人千面的曝光原则，每个人搜索关键词出来的笔记结果都不相同，小红书的搜索算法会越来越多地引入个性化推荐的因素。换句话说，在千人千面的分发逻辑下，本来就不能确保每篇笔记在每个人的发现页和搜索页都会出现，所以很多笔记在触发平台设置的一些条件的情况之下无法被陌生账号搜索到。

这也是一个"主动与被动"的问题，平台给每篇合规笔记的曝光都是主动的，笔记被粉丝搜索是被动的。当粉丝量达到一定数量时，品牌专业号几乎可以无视平台的流量限制，因为粉丝会主动搜索，这也是打造私域流量的一个重要原因。

如果品牌希望自己发布的每篇笔记都能被大量曝光，在用户面前广泛展现，那么品牌可以试一试添加关键词，让自己的笔记标签更加清晰，更好地被小红书平台推送到目标用户群体那里。

4.3.5 禁止事项

品牌在小红书运营专业号时，还要注意一些禁止事项，以免影响品牌形象。

一、禁入行业——和医疗健康行业相关的领域

相关内容包括但不限于 OTC 药物、口腔医疗医院、试管婴儿、胎儿性别鉴定、临床检验、血液/基因检测、整容整形（半永久化妆、脱毛、文身、疤痕修复、烧伤修复、小颜整骨、隆鼻、注射水光针或瘦脸针等）、偏方、减肥/壮阳/丰胸/增高/植发/祛痘/祛斑/私护产品、中药材（吗啡、番茄红素、鹿茸等）、狐臭/口臭/治疗、脚气/便秘治疗等。同时，动物医疗健康及医药类（比如痔疮药、湿疹药、鼻炎药、灰指甲药等）同样需要规避。

二、禁止违规

违规笔记过多一定会对专业号有影响。具体的影响并明确，因为小红书上对很多行为都没有具体的惩罚信息提示。所以，品牌在发布笔记前，要有针对性地制作适合专业号发布的内容，尽量不要存在侥幸心理，用无价值、低质的内容挑战平台的规则和整个审核部门。

三、禁止频繁转载他人内容

不少专业号为了保证活跃度和内容的丰富度，几乎每一两天就会转载一次其他账号的笔记。但这会导致专业号没有流量，因为品牌转载他人的内容直接@了合作账号，可能会触发"搬运体验""异常账号协作"等机制，在小红书反作弊组机器模型筛选抽检中被查出来，大概率还会被打上"流量轻度作弊"的标签，导致官方不再为专业号分配流量。

另外，在通常情况下，转载他人笔记容易致使自身账号标签混乱。如果想要转载的笔记的内容形式与流量等数据都不错，品牌专业号可以进行模仿。

【抄作业】

- 新规实施之后，中小品牌要规避虚假宣传，着重把握用户体验。
- 专业号要坚持日更，每日发布1~3篇笔记，根据目标用户群体的活跃时间确定笔记发布时间，数据不好的笔记可以删除。
- 抽奖活动不要太频繁，任何活动都要真实有效。
- 小红书平台遵循千人千面的曝光原则。
- 品牌禁止宣传医疗健康行业的相关内容，禁止违规，禁止频繁转载他人内容。

4.4 打造"4+1"账号矩阵

我曾经遇到过一位学员,他从2018年开始在小红书耕耘品牌账号,两年时间累计尝试过上百个小红书账号,真正运营起来的有40个左右。而这上百个账号,都是与品牌专业号打配合的个人号,它们看起来与品牌没有关系,但又互通有无。在这些个人号发布笔记以后,品牌的专业号会去评论栏留言,比如"感谢××博主对我们的认可,我们竟然上榜了"。

为什么品牌在拥有了专业号之后,还要如此费力地运营这么多个人号呢?事实上,这样的搭配正是为了实现小红书专业号的矩阵运营,通过矩阵运营为品牌赢得更多的流量。

打造小红书账号矩阵是指同时运营多个账号,使得品牌专业号的覆盖群体最大化、工作效率最大化,更有效地传播品牌,并保持品牌形象塑造的统一感。

在拆解了上百个小红书优质专业号账号后,我总结出了小红书专业号矩阵的极佳打造方式,即小红书账号矩阵"4+1"模型,如图4-4所示。

图4-4 小红书账号矩阵"4+1"模型

小红书矩阵账号"4+1"模型是指品牌需要打造专业号、个人号、老板IP号、员工号这四种不同角度和定位的账号，再配置引流号，专门用来引流。品牌可以创建2~3个专业号，配置3~5个个人号、1个老板IP号、1~2个员工号，再安排2~3个引流号。

这套账号配置基本可由一个4~6人的团队完成所有工作，具体人数差异则视品牌自身需求的专业度以及分工精细程度而定。

在小红书账号矩阵中，专业号、个人号、老板IP号、员工号和引流号分别如何运营呢？在下文中我将详细讲解。

4.4.1 小红书专业号——官方角度

品牌在小红书上的账号矩阵中，必然需要有以官方的身份撰写相关笔记内容的专业号。专业号主要发布企业的官方通知、活动举办、新品发布等信息。

专业号需要认证，企业、具备职业资格的权威身份（医生、律师等）、个人兴趣博主（美食博主、健身博主等）这三种类型的账号可以申请成为专业号。

小红书推出专业号，本质上是想帮助品牌加强与用户之间的连接，使得品牌的营销更加高效，能为品牌带来商业化加成。

小红书专业号的具体权益如下：

• 发布限制解除：专业号用户可以发布无限量的笔记、评测和问答等内容。

• 品牌认证：专业号可以通过品牌认证，让用户更容易发现和识别。

• 数据分析：专业号用户可以获得更详细的数据分析，包括粉丝画像、流量来源、用户兴趣等。

• 活动支持：专业号用户可以获得小红书官方的活动支持和推广。

• 推荐流量：专业号用户可以获得小红书官方的推荐流量，增加曝光和用户量。

• 线下活动：专业号用户可以参加小红书官方的线下活动，与其他用户交流和互动。

• 商业合作：专业号用户可以获得小红书官方的商业合作机会，赚取更多的收入。

专业号的粉丝量也许不多，但它是品牌在小红书上必备的账号，它能够向粉丝或者用户较为客观地传达可靠的消息。专业号展示所有内容的最终目的都是展示官方的形象。

当然，在"亲切感"越来越被用户群体重视的当下，"官方口吻"不再是必要选择，许多品牌开始尝试以更亲和、可爱、拟人感更强的方式完成官方角度的内容输出，让原本距离感较强、严肃的官方形象更吸引人，增加了更多的曝光。

但是，无论是以什么样的风格进行内容输出，官方角度小红书专业号的核心都是为了达成品牌的官方目的，且一言一行都代表着官方形象。因此，专业号输出的所有内容及相关互动都必须足够严谨、专业、准确。

依照品牌专业号运营团队的工作效率与人员配置情况,品牌可以创建2~3专业号,如果品牌主营产品的种类较多,也可以根据主营产品创建多个专业号。比如,电器品牌苏泊尔在小红书上就有"苏泊尔SUPOR""苏泊尔家用电器""苏泊尔水杯""苏泊尔烹饪用具"等多个专业号。

专业号在小红书账号矩阵中处于最核心的位置,其他所有账号的内容创作以及流量吸引都需要围绕专业号进行。

4.4.2 小红书个人号——个人角度

小红书专业号矩阵中的另一"功臣",就是看似与品牌官方没有直接关系,实际上却由品牌孵化的从个人角度出发的个人号。这类个人号通常以博主的身份进行运营,他们的所有笔记的内容都具有强烈的个人特色,看起来也更加随意且生活化,但通常会在笔记内容中或末尾露出品牌产品或相关信息。

在团队条件允许的情况下,这类个人号可以由专人出镜,如果受运营团队的精力或账号复制效率的影响,无法以固定的形象出镜,则可以以干货攻略、教程等类型进行高质量的内容输出,只需要有相应的人员进行笔记内容的创作以及运营方面的维护即可。

个人号的风格相较于其他类型的账号更多样,打造方法也多种多样,但需要注意的是,个人号也要打造独特而鲜明的人设,且这个人设要与品牌具有关联性。

比如,小红书上有一个生产锅的品牌,它有一个关联的个人号,这个个人号的定位是美食博主,发布的笔记是其自己制作的各种美食。在这位博主发布的每一篇笔记中，我们都能看到这款锅，能够给人一种"只要用了这款锅，就能做出美味佳肴"的感觉。许多用户看了这位博主的笔记后，纷纷表示要购买这款锅。

4.4.3 小红书老板IP号——老板角度

小红书矩阵账号中还有一类特殊账号——老板IP号。老板IP号是指以品牌老板视角创建的小红书账号，这种账号上可能带有品牌老板的姓名、特征，也可能是老板亲自出镜，总之在用户眼中这就是品牌老板的账号。品牌打造老板IP号，主要具有以下几个好处。

一、老板的影响力大，能吸引更多用户

品牌老板的影响力往往较大，能够吸引更多用户。比如，某甜品品牌连锁老板就在小红书上开通了自己的账号，并在账号上发布自己制作甜品的视频，吸引了很多用户关注。

二、老板对行业趋势敏感，容易打造出爆文

品牌老板通常能在第一时间获取行业资讯，对行业热点的把握较透彻，更容易抓住热点，打造出爆文。比如，有些品牌的老板在小红书账号上发表自己对于行业的见解，让用户感觉他们非常专业，且乐于分享，有利于品牌树立正面形象。

三、打造老板"人设"，反哺老板IP

有的老板打造"接地气"人设，有的老板打造"高冷"人设，有的老板打造"温柔"人设……这些人设能让品牌老板看起来更加鲜活，拉近品牌老板与用户之间的距离，在用户心中留下深刻印象。

比如，WPS 有一个老板 IP 号叫作"WPS 大老板"，这个账号就是采用老板的口吻发布笔记，树立了一个"高富帅大老板"的人设，让用户认为 WPS 的老板就是这样一个形象。看这个账号上的笔记，能让用户享受老板的待遇——公司的员工都可以教我学习 WPS 技巧。

品牌打造老板 IP 号，具有很多先天优势，比打造其他账号更容易成功。老板 IP 号与品牌专业号、员工号之间还可以进行互动，营造出良好的品牌形象。

4.4.4 小红书员工号——员工角度

品牌还需要打造员工角度的员工号，主要有两种形式：一种是被品牌肯定的官方形象，由品牌打造的有温度的虚拟 IP 形象；另一种则是以品牌员工视角进行宣传的账号。由此可见，员工号的角色定位介于官方专业号与个人号之间，主要从员工的角度对品牌产品等相关内容进行补充性的说明与宣传。这些员工号的笔记内容应该符合自身的身份特点，可以加入个性化的表达方式，可也不能太过于随性，以至于破坏公司整体的形象。

早先，小红书有专门的企业员工号认证，但在 2021 年 5 月 6 日，小红书下线了企业员工账号。因为企业员工号几乎成了品牌广告的聚集地，影响了小红书的商业生态。那么，这是不是意味着小红书员工号不再有用了呢？其实员工号并不一定需要官方认证，我们也可以通过在相关个人号的个性签名处进行备注，或者在个人号笔记内容中强调品牌相关信息等方式，自己认证员工号。

员工号可以偶尔转发品牌专业号的内容，再以"内行"

"自己人"的角度加一些点评、发散的文字，以增强员工号的真实性。

这样一来，员工号既与品牌挂钩，又带有个人色彩，能发布比专业号更加活跃、生活化的内容，让用户不再觉得品牌高不可攀。品牌员工就像用户身边的某位朋友，更容易拉近与用户之间的距离，树立良好的品牌形象。

举个例子，某个小红书个人号在自己的账号简介中将自己定位为"鹅厂打工妹"，她发布的笔记定位在腾讯滨海大厦，虽然她没有腾讯的员工认证，但她塑造了一系列腾讯标签，用户一看就知道她是腾讯员工。

这位腾讯员工在她的多篇笔记中发布了自己在腾讯工作的经历，其中有一篇是她代表腾讯参加校招。在这篇笔记中，她对腾讯的员工福利进行了说明，以"过来人"的角度，说明了一些腾讯比较好的员工福利，很多用户看到后，表示很羡慕她，还有一些用户在评论区咨询了一些有关腾讯的其他信息。

这位腾讯员工的账号既可以说是个人号，也可以说是腾讯的员工号，为腾讯在外界树立良好形象、扩大影响力起到了作用。

4.4.5 小红书引流号——"狙击手"

小红书账号矩阵中还少不了一种账号，那就是起引流作用的引流号。流量的重要性不言而喻，没有源源不断的流量作为支撑，一切技巧、方法都是无法实现的"空中楼阁"。这类账号也是大多数人所理解的"小号"，我将它们比作账号矩阵运营团队的"狙击手"。

引流号适合做成交,其功能主要是在专业号评论区、品牌相关的笔记评论区,或者品牌投放过营销内容的个人号评论区进行评论,从而引流,但需要注意的是,引流行为一定是直接且隐蔽的。

引流这一行为主要是将目标用户群体转化到微信或者其他我们需要的销售平台,通常而言,美容、美发、旅游、民宿等各种服务类行业常常会需要这类账号的配合。而我们的引流号并不仅限于个人号,专业号也同样可以完成引流的任务。

引流号的引流方式有很多,既可以在站内引流,也可以为站外引流。在创作笔记时,品牌可以在图片中添加标签,点击标签,用户便可以直接跳转到产品的详情页面,如果用户觉得产品值得购买,则可以直接在详情页中下单购买。利用引流号进行站外引流也很普遍,比如,在个人简介处标明品牌的店铺名称,为店铺引流。有很多小品牌的创始人会打造属于自己的个人号,在个人号中公布自己站外店铺的名称,告诉用户如何搜索到。

【抄作业】

- 专业号 2~3 个。
- 个人号 3~5 个。
- 老板 IP 号 1 个。
- 员工号 1~2 个。
- 引流号 2~3 个。
- 五类账号要互相配合,形成矩阵,共同发力。

第 5 章

品牌内容投放：
优化投放策略

软文笔记是品牌与博主合作，让博主在创作的笔记中以直接或间接方式插入品牌广告的营销方式。许多品牌在投放软文笔记时，不知道投放流程，不清晰投放重点，最终造成高投入、低回报的局面。在本章中，我将介绍如何高效投放软文笔记，让投放效果倍增。

5.1 投放前：磨好七个箭头

我曾服务过300多个国内外知名品牌，成功帮助品牌投放过诸多效果突出的软文笔记。在与诸多品牌交流软文笔记的投放策略时，我发现了一些投放时容易踩到的"坑"。比如，有的品牌看到竞品品牌投放的软文笔记效果好，就马上联系博主投放类似的软文笔记；有的品牌是初创品牌，为了扩大知名度，不做任何分析就直接找到数百名博主投放软文笔记；有的品牌在自身产品的优势还没有挖掘出来的时候就贸然投放软文笔记……可以预见的是，这些品牌根本无法让软文笔记投放效果最大化，因为它们打的是"无准备之仗"。

所谓"不打无准备之仗，不做无把握之事"，充分的准备工作是我们把事情做成功的重要前提。否则，任何尝试都只能以失败告终。小红书上软文笔记的投放也是同样的道理——准备工作做得好，投放效果快又好。

那么，品牌在投放前要做好哪些准备工作呢？

我认为在投放软文笔记前，品牌应该打磨好七个箭头，如图5-1所示。

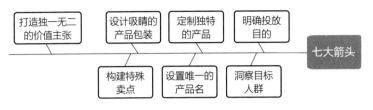

图 5-1 软文笔记投放前要打磨的七个箭头

5.1.1 明确投放目的

品牌在投放软文笔记前要打磨的第一个箭头是明确投放目的。

有一位品牌负责人曾经问我:"庄老师,我想投放一篇软文笔记,既能卖货,又能扩大品牌知名度,还能赢得口碑,能做到吗?"我的回答是:"可以做到,但我不建议你这样投放。"

这位品牌负责人犯了"鱼和熊掌想兼得"的错误——他希望通过投放一篇软文笔记实现既能卖货,又能扩大品牌曝光量,还能做口碑营销的目的。商业的本质是以终为始,投放目的不同,我们的投放策略也会有所不同。如果品牌的投放目的是卖货,那么在投放前就要从产品的卖点上下功夫,找到带货能力强的博主,打造出能够刺激用户购买产品的软文笔记;如果品牌的投放目的是扩大品牌曝光量,那么博主的带货能力就不再重要了,博主的流量和粉丝数量才是最重要的;如果品牌想做口碑营销,则要学会给产品"编故事",找到那些创作能力强的博主投放软文笔记……

因此,品牌在投放软文笔记前,要找到自己投放笔记的目的，以终为始地去考虑哪种投放策略能帮助品牌达成投放目的。品牌在小红书上做软文笔记投放前，可以先问问自己：

- 我的投放目的是什么？
- 我想达到什么样的效果？

通常情况下，品牌在小红书上投放软文笔记有以下五个目的，如图5-2所示。

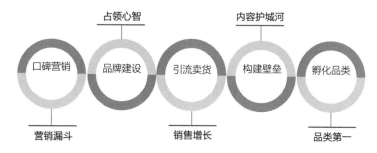

图5-2 品牌投放软文笔记的五个目的

一、口碑营销

品牌在小红书上投放软文笔记的第一个目的是口碑营销。无论是新品牌还是老品牌，都需要做口碑营销。因为在品牌触达用户时，绝大部分用户对品牌会感到陌生，在市场上产品众多，用户难以选择时，会有一部分用户到小红书上搜索产品的口碑，看看其他用户对某款产品的评价、使用体验。即使品牌预算不足，也要做口碑营销，以提升产品转化率。

二、品牌建设

品牌在小红书上投放软文笔记的第二个目的是品牌建设。随着时代的发展，一些传统品牌在年轻人心中已经失去知名度和影响力，在小红书上，这些传统品牌可以通过投放软文笔记,重新占领用户心智。

三、引流卖货

品牌在小红书上投放软文笔记的第三个目的是引流卖货。无论是大品牌还是中小品牌,投放软文笔记的最终目的都是引流卖货。品牌要想生存下去,就必须销售相应的产品。对于中小品牌来说,引流卖货的需求更迫切。因为中小品牌的现金流一般比较少,需要不断回笼资金才能持续发展。

四、构建壁垒

品牌在小红书上投放软文笔记的第四个目的是构建壁垒。品牌在进入市场后,需要和其他诸多品牌竞争,要想在竞争中胜出,品牌就需要构建壁垒。什么是构建壁垒呢?就是品牌突出强调自身产品的某一特征,使得用户一想到品牌,就会想到这一突出特征,此时品牌产品就在这一特征上构建了壁垒,其他品牌便无法将这个特征作为卖点宣传产品。品牌在小红书上投放软文笔记,有助于品牌构建壁垒,建立内容护城河。

五、孵化品类

品牌在小红书上投放软文笔记的第五个目的是孵化品类。品牌要想在巨头林立、产品同质化严重的"红海"市场中"杀出一条血路"来是非常困难的,于是一些品牌便另辟蹊径,在细分市场通过打造差异化产品寻找机会。小红书是品牌孵化新品类,改变用户消费习惯的重要渠道。

看到这里,可能会有品牌产生疑问:为什么我曾经投放过达成了多个目的的软文笔记?这是因为笔记传播具有长尾效应㊀，品牌的口碑、知名度和销量会互相影响。比如，品牌在广泛地做品牌曝光时，扩大了知名度，用户更容易接受品牌的产品了，销量自然而然有所提升；当用户使用过品牌的产品后，认为产品不错，便会产生口碑效应，为品牌树立良好的形象，这些口碑效应会击破用户的心理防线，使用户最终选择购买产品。

虽然品牌的口碑、知名度和销量之间会互相影响，但品牌在投放前需要有侧重点，明确投放的主要目的，这样才能专注于这一主要目的，制定出具有针对性的投放策略，保证投放效果。

5.1.2 洞察目标人群

品牌在投放软文笔记前要打磨的第二个箭头是洞察目标人群。洞察目标人群是指品牌在投放软文笔记前，要将目标人群的范围尽可能缩小，只针对某类特定人群投放。目标人群范围越广，品牌就越难以把握目标人群的痛点；只有目标人群足够精准，软文笔记才能更好地触达目标人群，从而获得更好的投放效果。

㊀ 长尾效应："头"（head）和"尾"（tail）是两个统计学名词。正态曲线中间的突起部分叫"头"，两边相对平缓的部分叫"尾"。从人们需求的角度来看，大多数的需求会集中在头部，我们可以称之为流行，而分布在尾部的需求是个性化的、零散的、少量的需求。这部分差异化的零散的、少量的需求会在需求曲线上面形成一条长长的"尾巴"，而所谓长尾效应就在于其数量上，将所有非流行的市场累加起来就会形成一个比流行市场还大的市场。

品牌在投放软文笔记前,可以问自己:

- 我准备把软文笔记投放给哪些人?
- 我准备把软文笔记投放给已经购买过的用户,还是潜在用户?

例如,某高档儿童摇摇车品牌想在小红书上投放软文笔记,其目标人群是宝妈,再进一步缩小目标人群的范围,是孩子年龄为3~6岁的宝妈,且这些宝妈要具有一定的消费能力,一般为城市女性。确定这一目标人群后,该摇摇车品牌只需找到粉丝画像与目标人群相匹配的博主投放软文笔记,而不需要广泛地找博主进行投放,这样广告投放成本会降低,转化率会提高。

那么,如何深入研究目标人群,做到目标人群唯一化呢?根据多年的运营经验,我总结出目标人群研究清单,清单上包括十个研究渠道。

- 人群行业报告:品牌可以查看与目标人群相关的行业报告,来研究目标人群比较关注的点在哪里。比如,有许多人有睡眠问题,但睡眠问题中又包括失眠、多梦、心悸等多种情况,根据行业报告,可以帮助品牌更深入地了解目标人群有哪方面的睡眠问题。
- 小红书营销报告:小红书营销报告是小红书官方平台发布的对一段时间内营销数据的总结,比如《2022小红书Q1品牌营销报告》就是对2022年第一季度品牌在小红书上营销数据的总结。通过研究这些营销报告,品牌能够更好地挖掘小红书用户的喜好。
- 目标人群的聊天群:品牌在投放软文笔记前,可以通过目标人群的聊天群获取信息,不能脱离目标人群,自己凭空想象。在直接面对目标人群时,品牌能够将目标人群的意见综合起来,对于投放软文笔记具有重要作用。

- 博主的想法:博主是品牌很好的联盟对象,博主的喜好在一定程度上代表了目标人群的喜好,博主的意见有时能够左右目标人群的想法。品牌可以通过向多个相关领域的博主发放调查问卷的方式获取博主的想法。
- 目标人群的生活习惯:观察和调研目标人群的生活习惯,有助于品牌获取更多关于目标人群的信息。
- 相关领域的爆文:看1000篇相关领域的爆文,就能够分析出目标人群喜欢什么样的软文笔记。
- 已购买用户的反馈:用户的反馈和小红书上的评论区一样,用户反馈好,其他用户就会受到影响,品牌的成交量就会不断提升。用户反馈产品有哪些问题,品牌要反思是否真的存在这些问题,并想出解决方案。
- 竞争品牌软文笔记的评论区:竞争品牌软文笔记的评论区对于品牌有重要的借鉴意义,如果评论区出现用户的抱怨或不满,那么品牌就要避免出现类似的问题。
- 团队成员中的目标人群:品牌团队中如果有与目标人群相符的人员,那么品牌就可以着重与这些人员进行探讨,了解这类人群的真实想法。比如,当品牌的目标人群为"95后",而团队成员中有诸多"95后"时,这些团队成员就是品牌的消费者顾问。
- 预览人群的反馈:品牌在投放软文笔记前,可以先将拟定的内容发送给一些目标人群预览,根据预览人群反馈的信息,品牌再对软文笔记的内容进行调整。

通过以上这十个渠道，品牌可以精准锁定目标人群的需求，并针对这些需求投放软文笔记。

5.1.3 定制独特的产品

品牌在投放软文笔记前要打磨的第三个箭头是定制独特的产品。定制独特的产品指品牌在投放软文笔记之前，要找准一款产品，针对这款产品去做投放。

通常情况下，品牌旗下会有很多款产品，虽然小红书营销几乎适合所有产品投放，但在投放软文笔记时，产品依然有容易渗透与不容易渗透的区别。

定制独特的产品不仅包括在不同类型的产品中选出一款产品做投放，还包括在同类产品中选出唯一的产品。有的品牌聚焦于同类产品的生产，在这些同类产品中，还有许多不同的款式，款式不同，也就意味着产品不同。品牌在同类产品中选出一款主推产品，也需要慎重。在我服务的电商品牌中，发生过这样的事：一个生产皮包的品牌，推出A、B两款皮包，品牌在营销这两款皮包之前，将A、B两款皮包各生产了一万个。结果品牌负责人与小红书博主商谈时，博主普遍表示更喜欢B款皮包。这两款皮包投入市场后，果然B款皮包的销量很好，而A款皮包的销量欠佳，积压了很多库存。由此可见，品牌在选择产品做投放时，需要提前做好市场调研，以免因为产品本身的问题导致产品积压。

什么样的产品更容易获得用户的青睐呢？这得从小红书的"种草"营销说起。

品牌在小红书上投放的本质是利用小红书做"种草"营销，种草的主体是博主，通过博主有意或无意的观点影响或经验分享，其他用户发现了博主"种草"产品的独特优点，并决定购买产品。

基于这个逻辑，我们可以发现，那些有趣、新奇、有格调、颜值高的产品更容易"种草"成功。相反，那些已经被大众所熟知的，或是在外观、技术、功能上与其他产品无明显区别的产品，就不适合投放小红书软文笔记。比如，一些大众熟知的，主打去头皮屑、使头发更柔顺等卖点的洗发水品牌，就没有"种草"的必要。

品牌在投放小红书软文笔记时，要挑选或设计出在外观、技术、功能等方面与其他产品具有明显差异的产品，以保证投放效果。

如果品牌不确定什么样的产品才是小红书用户喜欢的，那么有一个简单的选择方法，即将品牌挑选出的产品发给多名相关领域的博主，看看博主们对产品的意见，博主的喜好在一定程度上能够代表用户的喜好。

5.1.4 设置唯一的产品名

品牌在投放软文笔记前要打磨的第四个箭头是设置唯一的产品名。一个唯一的产品名能够充分让用户接受和记忆，哪怕用户当下不购买这款产品，也会记住产品名，在后续需要时马上想到产品。

在投放软文笔记前，甚至在产品投入市场前，品牌就应该为产品起一个好记、好理解、好传播、唯一的产品名。比如，一些化妆品品牌会给自己的产品起名叫作小棕瓶、小铝管、小金条、子弹头、小蓝瓶、黑绷带等，这些名字比起润肤霜、保湿霜、护肤水等名字，既不同质化，又非常好记，用户一听到这些名字，就能想象到产品的样子。

反之，如果产品拥有一个晦涩难懂、不具有记忆点的产品名，那么投放再多软文笔记，这款产品也很容易被埋没。如果其他产品叫××精华液，我们也叫××精华液，那么我们的产品在产品名上就没有占领用户的心智，不利于产品后续的营销推广。

那么，品牌应该如何起一个好记、好理解、好传播、唯一的产品名呢？品牌在起产品名时，可以从以下五个方面入手。

- 通俗易懂：好的产品名一定要通俗易懂、朗朗上口，比如上文中提到的小棕瓶，用户听了就能够立刻记住。
- 有辨识度：产品名有辨识度，才能更好地与同类产品竞争。比如，某品牌另辟蹊径，将自己的一款面霜命名为"黑金高压锅"，完全不同于其他品牌面霜的名字，很快便脱颖而出。
- 能激发行业联想：产品名在好记的前提下还要能激发用户的行业联想，这样可以让用户进一步明确产品的使用范围。比如××打车，用户一看就知道这是一款打车软件。
- 搜索优先：用户在小红书上查找产品大部分是依靠小红书的搜索功能，用较为通俗的词汇做产品词，能让产品在搜索排行榜上更靠前，更容易让用户点击。

- 少用生僻字、英文：如果将生僻字或英文用在产品名中，那么用户会对产品名的读法产生疑惑，不利于产品传播。比如，某品牌在产品名中使用了"曱"（yuē）字，大量用户不知道这个字该怎么读，想传播这款产品就非常困难。

唯一的产品名是用户记住产品并愿意传播产品的重要前提。

5.1.5 设计吸睛的产品包装

品牌在投放软文笔记前要打磨的第五个箭头是设计吸睛的产品包装。产品的包装风格对用户购买决策的影响也是巨大的。在小红书笔记中，用户最直观看到的就是产品的包装。成功的品牌都在追求产品包装的独特性，因为在琳琅满目的货架上，或是令人眼花缭乱的小红书笔记合集中，一眼就能让人记住的产品包装更有价值。

用户因为产品的包装而购买产品的例子比比皆是，尤其是在女性用户较多的小红书上，在产品功能相似的情况下，产品包装是否独特、好看，几乎决定了用户是否购买这款产品。

例如，某国货化妆品品牌将各种中国风的元素融入包装设计中去，如采用国粹京剧脸谱中的纹路和立体纸雕工艺，并从西湖十景等场景获取设计灵感，打造出独具特色的国风化妆品，小红书上许多用户拿到这个品牌产品的第一步，就是晒出产品的精美包装，如图5-3所示。

图5-3 小红书用户晒出的该品牌产品的包装

该国货品牌从默默无闻到风靡全网,产品的包装风格起到了重要作用。因此,品牌在进入小红书投放软文笔记之前,要对产品的包装风格进行设计,确保自身产品的包装风格能吸引目标人群。

在打造具有独特风格的产品包装时,品牌可以在产品的色彩、材质、款式等方面下功夫。比如,在色彩上,品牌可以使用一些区别于其他产品的,既抢眼又符合产品特质的色彩,让产品能被用户一眼看到;在材质上,品牌可以大胆使用一些超乎外界想象的材质,能够帮助品牌脱颖而出;在款式上,品牌可以从大小、形状等各方面入手,设计出具有独特风格的产品包装。

5.1.6 构建特殊卖点

品牌在投放软文笔记前要打磨的第六个箭头是构建特殊卖点。构建特殊卖点是投放前最关键的准备工作,如果品牌在小红书上做笔记投放,却并未给要投放的产品设置一个与其他同类产品区分开来的卖点,那么这些投放等于白做,花费的钱等于白花。

以用户购买口罩为例，过去用户购买口罩更关注口罩的材质、功效和价格。而现在，用户在小红书上搜索口罩时，更关注什么呢？关注口罩"不脱妆""显脸小""不勒耳朵""特别""好看"……如果品牌还是秉承之前的卖点，在小红书上宣传自身口罩"材质好""防灰尘"，那么效果一定不理想。

为什么呢？因为在这个产品同质化严重的时代，产品的材质、功效等基础卖点已经不能被称为卖点了，不是决胜的关键，几乎所有的口罩产品都具备同样的特征。也就是说，传统意义上所说的"酒香不怕巷子深"已经不适用于当下的环境了，因为"酒香"的不止一家。

用户在长期使用口罩的过程中，已经产生了其他的需求，也就是他们要求口罩"不脱妆""显脸小""不勒耳朵""特别""好看"，品牌宣传的卖点"材质好""防灰尘"对于用户没有任何吸引力，因为所有的口罩都能满足这两个条件。

还有一类非常典型的卖点迭代的产品——洗发水。以前人们对于洗发水的要求是什么？是使头发顺滑、柔亮、没有头屑；又过了一段时间，人们追求头发"不油"，于是各大洗发水品牌纷纷生产"去油"洗发水；而现在人们饱受脱发困扰，于是开始出现含有何首乌、生姜等成分的"防脱发"洗发水；当普通的"防脱发"洗发水已经难以吸引用户时，有些品牌便开始另辟蹊径，比如主打"去余氯"，表示该品牌的洗发水可以去除自来水中的游离氯，让头皮更健康。

所以品牌只有在保证产品基础功效的前提下，再提炼出同类产品所没有的独特卖点甚至是唯一卖点，做到人无我有，人有我强，才能占领用户心智，激发用户的购买欲望。

产品的特殊卖点并不是品牌关上门来埋头苦想想出来的,而是通过分析竞品卖点和目标用户群体的特征得出来的。

举个例子,如果某品牌要在小红书上为自身的扫拖一体机投放软文笔记,则需要分析现在平台上有哪些主流产品,这些主流产品有什么样的功能,主要针对哪些人群,这些人群在小红书上体现出来的关注点是什么等信息,然后将这些信息进行横向对比(见表5-1)。

表5-1 六个品牌扫拖一体机信息对比

品牌	主打功能点	主要目标人群的特征	用户最在意的产品点
品牌A 4000元	1. 智能回洗 2. 扫拖双模式 3. 超大水箱	1. 三口之家或大家庭 2. 以一二三线城市为主 3. 宝妈群体,独居 4. 情侣	1. 噪声大小 2. 清洁力度是否满足要求 3. 品控把握程度以及售后服务 4. 产品及零部件的维护成本 5. 操作简易程度 6. 清扫是否干净 7. 产品待机状态 8. 产品避障能力
品牌B 4000元	1. 自动清洗抹布 2. 扫吸拖一体 3. 强力去污 4. 3个水箱,持续湿拖		
品牌C 3000元	1. 声波震动擦地 2. 自动升降模组 3. AI结构避障 4. 全向浮动胶刷		
品牌D 3000元	1. 全自动扫拖 2. 自动集尘 3. UV紫外灯杀菌除螨		
品牌E 10000元	1. 清洁全面 2. 自动集尘 3. 一站式清洁		
品牌F 1000元	1. 抗菌去渍二合一 2. 110分钟超长续航	1. 三口之家或大家庭 2. 以二三线城市为主 3. 主打性价比	

通过上面的对比表我们可以发现，各个品牌的卖点比较相似，主要集中在清洗、湿拖上，在这两个主要卖点上，又衍生出其他卖点，比如，有两个品牌的扫拖一体机具有杀菌、抗菌功能，即品牌 D 的第三个卖点"UV 紫外灯杀菌除螨"和品牌 F 的第一个卖点"抗菌去渍二合一"。对扫拖一体机有杀菌、抗菌需求的人群，很容易选择这两个品牌的产品。

在对同类产品进行分析后，再将目标人群进行细分，总结出每个人群的核心痛点，根据这些痛点得出产品对应的卖点，再配上相应的文案，如表 5-2 所示。

表 5-2 针对扫拖一体机不同人群设计对应的卖点

目标人群	人群分析	核心痛点	产品对应卖点	宣传文案
多人口家庭	关注重点放在实用性、耐用性、操作难易程度等方面	多人居住，需要经常打扫，家中长辈不太会操作	1. 自动清洗拖布 2. 多种清洁模式 3. 不占空间	扫地机打扫不干净？你家的要换代了
宝妈	关注重点放在性价比、实用性、外观、耐用性等方面	忙于照顾孩子，没时间做家务	1. 噪声小，不吵孩子 2. 全自动清洁 3. 耐用	解放双手，完全不用管的扫拖一体机
租房人群	关注重点放在性价比、是否智能互联、实用性、多场景使用等方面	生活压力较大，居所不稳定	1. 支持智能设备连接，实现语音控制 2. 多种清洁场景可用 3. 产品性价比较高	陪我搬了三次家的扫拖一体机

(续)

目标人群	人群分析	核心痛点	产品对应卖点	宣传文案
养宠人群	关注重点放在使用过程中的配件更换、是否堆叠垃圾、产品实用性、防撞系统、语音控制等方面	宠物毛发堆积,不好打扫	1. 能有效清洁毛发 2. 能自动避开宠物、人 3. 不会出现毛发缠绕问题	养宠家庭必备,猫毛满天飞终于结束了
高品质生活追求人群	关注重点放在产品的设计理念、App模块、使用体验感、实用性等方面	感觉打扫卫生太麻烦,浪费时间	1. App模块设计合理,更方便使用 2. 全屋深度清洁 3. 噪音小、使用体验好	享受慢生活,家务交给扫拖一体机

不同的人群想听到的语言是不一样的,品牌在提炼卖点时,要分析对于哪类人群,本品牌产品的卖点价值最高,然后将这些人群排在第一位,给出针对性的广告投放文案,这样就能更快地捕获用户。

注意,产品的卖点不是越多越好。如果一个产品有四个卖点,那么就等于它没有卖点。因为用户的记忆很短暂,如果提炼卖点时面面俱到,那么最终就不会给用户留下印象。因此,产品卖点的唯一性不仅是指品牌要打造出与其他品牌不同的卖点,还指品牌要将一个卖点打深、打透。

比如,当扫拖一体机的目标人群是养宠人群时,品牌就要主打"清理毛发"这个卖点,围绕清理"长毛猫""短毛猫"掉落毛发等具体问题深挖,其他的卖点则不需要过分突出,否则就与针对其他人群的扫拖一体机没有区别,很难戳到养宠人群的痛点,激发他们的购买欲望。

同时,卖点要通俗易懂,过于晦涩难懂的卖点很难让用户感兴趣。比如,有些化妆品会将一些生僻的化学名词作为卖点,这并不能给予用户直观的冲击,很难让用户记住,不如将该化学名词转化为简单易懂的词汇,突出产品功效。

5.1.7 打造独一无二的价值主张

品牌在投放软文笔记前要打磨的第七个箭头是打造独一无二的价值主张。

在小红书上,用户可能会因为产品词、产品的包装风格、产品的卖点而购买产品、记住品牌,但真正能让用户忠诚于品牌的,是品牌的价值主张。许多品牌在小红书上投放软文笔记时,会突出产品的使用属性,但却忘了突出品牌的价值主张。

什么是品牌的价值主张?品牌的价值主张是品牌通过产品或服务传达出来的对社会、对人的态度和观点。通过广告语、宣传片等形式传达品牌的价值主张,能够让目标人群知道这是为他们而做的产品,感受到品牌的温度,从而忠诚于品牌。

比如,一个宠物食品品牌在自身的广告语中阐明自己的产品"更适合城市狗狗",就能让城市养宠物狗的人群知道,这是专门为他们打造的产品,从而得到城市养宠物狗人群的信赖。

可口可乐的价值主张是"欢乐",透过这个价值主张,用户可以感受到品牌希望赋予他们欢乐的力量,能够从中感受到品牌的温情;李宁的价值主张是"梦想创造无限可能",其广告词也是"一切皆有可能",这句话充满了力量,能够鼓舞用户,这与那些热爱生活、积极向上的年轻人的观念相符。一个没有价值主张的品牌,就像没有血肉的骨架,不会让人感受到温度,不会让用户忠诚于它。

同时,品牌的价值主张能够使静态的品牌人格化,让品牌更加鲜活,更有生命力。每个品牌都应当拥有独一无二的价值主张,一个强有力的价值主张是品牌在同质化竞争中突围的关键。

有效的品牌价值主张通常具有三大特性。

- 差异性:品牌价值主张强调产品或服务将如何解决用户的问题。
- 清晰性:品牌价值主张需要清晰明了,一看就懂。
- 专属性:品牌价值主张要让目标用户群体感到被特殊对待。

品牌如何创建一个有效的价值主张?品牌可以采用"FBA品牌价值主张分析法"来创建价值主张,如图5-4所示。

图5-4　FBA品牌价值主张分析法

"FBA品牌价值主张分析法"中的F——Features,是指产品的特征。产品的特征包括物理特征、生物特征、经济特征等,凡是与众不同的,都可以将其放大,令用户产生深刻印象。比如,某品牌的吹风机主打方便携带这一卖点,其品牌价值主张中就写到"××吹风机,只有500克"。用户如果经常出差,需要携带吹风机,便会立刻想起这款只有500克的吹风机,因为它便于携带,不占空间。

"FBA品牌价值主张分析法"中的B——Benefit,是指用户的利益。维护用户的利益,将用户利益放进品牌的价值主张中,让用户更明确地感受到自己能通过购买该品牌的产品获益。比如,某奶制品品牌的价值主张是"自然给你更多",就能让用户立刻联想到生机蓬勃的大草原、大自然,而这些会转化为奶制品,给用户提供"更多"的营养。

产品特征能够在一定程度上转化为品牌优势,比如,上文中提到的某品牌的吹风机,其产品特征——只有500克。就转化为了品牌优势——便于携带。品牌在创建价值主张时,也要透露出FBA品牌价值主张分析法中的A——Advantage,品牌的优势,让用户记住产品的同时记住品牌。

突出品牌的价值主张,可以将品牌、产品与用户之间的隔阂打破,是品牌重塑用户消费习惯的绝佳途径。

【抄作业】

品牌在小红书投放软文笔记前要打磨好七个箭头:
- 明确投放目的。
- 洞察目标人群。
- 定制独特的产品。
- 设置唯一的产品名。
- 设计吸睛的产品包装。
- 构建特殊卖点。
- 打造独一无二的价值主张。

5.2 投放中：高性价比投放"SSWG 法则"

投放前的准备工作完成后，品牌正式进入软文笔记的投放中。在这个过程中，品牌要选择合适的投放模型、寻找优质的博主、撰写高质量的 Brief，并在评论区进行引导，每一步都有方法和注意事项，只有步步为营，品牌才能在小红书上实现高性价比的笔记投放。

我将这一阶段品牌的投放策略总结为"SSWG 法则"，供品牌学习和参考。"SSWG 法则"是指：Select——选择合适的投放模型，Seek——寻找合适的博主，Write——撰写高质量的 Brief，Guide——在评论区进行引导。

5.2.1 Select：选择合适的投放模型

在投放软文笔记的过程中，品牌要先选择合适的博主，确定如何分配投放资金，这样品牌才能用更低的投入获得更高的回报。小红书软文笔记投放主要有三种模型，即金字塔投放模型、菱形投放模型和繁星点点投放模型，品牌可以根据自身情况来选择。

一、金字塔投放模型

什么是金字塔投放模型呢？品牌投放软文笔记时可以选择

路人、素人、初级达人、腰部达人、头部达人、知名KOL或明星，如图5-5所示。根据软文笔记投放预算，品牌可以确定选择哪些博主进行投放，预算越高，可以选择的博主层级越高。

图5-5　金字塔投放模型

金字塔投放模型的特征是越靠近底层的博主越便宜，越靠近高层的博主越昂贵。当品牌的预算不足时，可以选择腰部达人及以下层级的博主，最好是素人博主，真实性较强。品牌如果不知道如何选择博主类型，那么可以试着找一些素人、路人博主，以较小金额的投入，做投资回报测试，如果后续效果不错，可以继续跟进；如果效果不好，也没有耗费多少成本。

在使用金字塔投放模型投放软文笔记之前，品牌需要做好投放测试，测试出要投放的软文笔记是否能有效渗透，是否具有占领用户心智的作用，确定可以有效渗透、占领用户心智，品牌才能大规模投放软文笔记。

注意，在选择素人、路人博主做投放测试时，品牌要尽可能地挑选创作的内容、拍摄的图片都不错的博主，不要随随便便与素人、路人博主合作。当然，这也需要看品牌投入的广告预算有多少，在预算够用的情况下，品牌要保障所选博主的质量。

二、菱形投放模型

菱形投放模型是指品牌广泛选择腰部达人的投放策略,如图5-6所示。

图5-6 菱形投放模型

品牌如果需要迅速引流,且预算足够,可以选择初级、腰部和头部达人,这些达人的创作能力强,打造爆文的概率高,有利于品牌迅速吸引用户。

三、繁星点点投放模型

繁星点点投放模型是指品牌不局限于博主的价格、粉丝数量等,只要博主适合品牌投放软文笔记,品牌就选择该博主,如图5-7所示。

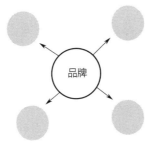

图5-7 繁星点点投放模型

通常情况下，品牌投放软文笔记都有明确的预算限制，但有些品牌只在乎投放效果，希望大幅提升品牌知名度，对于投入并不计较，此时品牌就可以选择繁星点点投放模型，只要博主能达到某个要求，便选择该博主。繁星点点投放模型对于选择博主的要求较高，品牌可以参考后文"寻找合适博主的五大招式"。

品牌选择投放模型要从品牌自身需求出发，脱离品牌实际需求选择投放模型，很难获得好的投放结果。

5.2.2 Seek：寻找合适博主的五大招式

在投放软文笔记的过程中，寻找合适的博主是重要的一环。在这一环节，品牌可以通过"找""筛""联""沟""攻"来寻找博主。

一、"找"：寻找博主

品牌寻找小红书博主的方式主要有两种：一是在小红书App上直接寻找，二是在第三方数据平台上寻找。

直接在小红书App上寻找，品牌需要搜索相关关键词，根据搜索结果找到相应的博主。举个例子，品牌在小红书上搜索"美白精华测评"，就能在搜索页中看到与这一关键词相关的一系列笔记，发布这些笔记的博主就是品牌可以选择的博主。比如，搜索结果中的第一篇笔记的博主"柠檬茶××"就是一位专业的护肤博主，如图5-8所示。

同时，品牌如果经常使用同一账号搜索相似的关键词，就会被小红书平台默认为对这类内容感兴趣，小红书会直接在发现页面推荐相应的博主，根据这些推荐，品牌也可以找到大量博主。

图5-8 搜索关键词发现博主

第二种寻找博主的方式是在第三方数据平台上寻找。许多第三方数据平台会提供小红书博主的信息，包括所处领域、粉丝数量等，品牌可以在这些平台上找到符合自身需求的博主。

二、"筛"：筛选博主

筛选博主是很多品牌的痛点，我经常听到一些品牌负责人吐槽，自己花了大价钱请博主做广告，结果却没卖出几件产品。出现这种情况，主要是因为品牌在筛选博主时没有做到位。

品牌筛选博主要有两个动作：一是匹配目标人群，二是查看账号数据。

1. 匹配目标人群

匹配目标人群是品牌筛选博主的核心动作，是指品牌将目标人群画像与博主的粉丝人群画像进行比较，能匹配上的博主，才是品牌合作的首选。品牌自身的目标人群画像来源于电商后台、客户资料，是对购买过品牌产品人群的深入分析；博主的粉丝人群画像则源于博主账号的数据，有时依靠博主提供，品牌也可以自己进行分析。

在这一步中，品牌需要清晰地知道博主的粉丝人群画像，包括地域、标签、年龄、性别和关注焦点等信息，再与品牌自身的目标人群画像一一比对，相契合的博主就是品牌最佳合作对象。举个例子，如果品牌的目标人群几乎都是地域在江浙沪的人，而备选博主中有的博主的粉丝多位于华中地区，那么这样的博主就不在品牌的筛选范围内。

品牌在和博主匹配目标人群时，可以看博主过往打造过的爆款笔记，如果爆款笔记的打造方向恰好与品牌的产品契合，那么这个博主就是品牌的必投博主之一。

2. 查看账号数据

确认博主的粉丝人群画像与品牌的目标人群画像相匹配后，品牌还要查看博主账号的相关数据，以确认博主账号信息的真实性。这个动作需要全方位细致查看账号，做到"十一看"。

- 看评论区：查看账号多篇笔记的评论区，确认账号评论区的评论是否真实。如果发现评论账号重合度高，并且这些账号都是没有发布过任何信息的账号，那么该博主的账号数据大概率是不真实的，需要慎重考虑。
- 看活跃粉丝比例：建议选择活跃的、真实的粉丝比例在 50% 以上的博主。
- 看账号的赞粉比：一般优质博主的赞粉比位于 10∶1 到

2:1 这个区间，选择 KOL 时不用参考这个数据，他们的粉丝量本就不高。
- 看近期笔记是否正常：确认博主近期有没有大量删除、隐藏笔记，数据不好的笔记后续有没有重新发布，如果没有，那么说明该博主隐藏笔记的概率较低，不用担心品牌广告被隐藏。
- 看账号是否高频抽奖：有大量博主会利用抽奖功能涨粉，在筛选博主时，需要尽量避免与频繁抽奖的博主合作，因为这样的博主的粉丝大多是只会"薅羊毛"的"羊毛党"，转化率低。
- 看账号内容质量是否稳定：如果账号内容质量参差不齐，则建议品牌慎重考虑与该博主合作。
- 看账号的发文频率：看博主近30天的笔记数量是否大于4篇，如果笔记更新得太少，更新频率不稳定，那么合作起来拖稿的概率会比较大，需要慎重考虑。
- 近期粉丝增长趋势：尽量选择粉丝在稳定增长的账号，如果账号在掉粉状态，则需要慎重考虑。
- 看近期是否有投放竞品广告：如果博主近期有投放竞品广告，则建议近期内不与其合作，投放时间段需错开。
- 看账号是否有问题：在小红书主页搜索博主的昵称，如果只能搜到昵称看不到笔记，那么这种账号一般是有问题的，要避免与其合作。
- 看合作的性价比：根据预估数据计算投放广告的效果，核算哪个博主性价比最高。

筛选博主是品牌做投放时非常关键的环节，品牌一定要细心地考察账号，一旦发现账号有问题，就要尽量避免与这些博主合作。

三、"联":与博主建立联系

筛选出合适的博主后,品牌如何与这些博主建立联系呢?与博主建立联系的方法有很多,在实际运用中品牌可以根据自身情况选择。

1. 联系博主个人简介中留下的联系方式

第一种方法是直接联系博主个人简介中留下的联系方式。许多博主为了与品牌建立商业联系,会在个人简介处放上自己的联系方式,通常情况下这种联系方式是博主的电子邮箱。这是最简单的方式,但这种方式收到回复的概率偏低,一般在20%左右。

为了提升回复率,也为了避免发出的邮件被判定为垃圾邮件,品牌在发送邮件时需要针对不同博主进行邮件话术调整,尽量不要一次性统一发送。在发送邮件之前,先用自己的邮箱测试,确认邮件没有问题再发送给博主。

2. 在小红书上给博主发私信

第二种方式是直接在小红书上给博主发私信。小红书对于私信管控得比较严格,个人号每天只能发送5条私信,企业号和专业号每天可以发送20条私信。但品牌在给博主发私信时,不建议使用企业号和专业号,虽然这两种类型的账号可以发送私信的次数较多,但一旦被查出私信违规,就很容易使账号私信功能被封,一旦被封,至少需要7天才能够恢复,还有可能降低账号的权重,被平台限流。

品牌可以多注册一些个人号用来给博主发私信,在发私信时也要注意话术,通常只需要表达合作意向即可,不要在第一次发私信时就透露过多信息。

3. 通过全域账号寻找联系方式

许多博主并不是只在小红书这一个平台上有账号，品牌在小红书平台上找不到博主联系方式时，可以到其他平台上搜索，寻找博主的联系方式。

4. 通过小红书蒲公英平台与博主建立联系

小红书蒲公英是小红书官方打造的品牌与博主合作平台，小红书数据中台给出的数据显示，截至2021年12月，入驻小红书蒲公英平台的品牌超过11万个，优质内容创作者超过10万个，细分垂类赛道超过120个。如果博主入驻了蒲公英平台，那么品牌就可以直接通过博主主页的"找我合作"联系博主，如图5-9所示。

图5-9 博主主页的"找我合作"

品牌使用小红书蒲公英平台与博主联系时，需要先完成专业认证，且这种方式只能用于寻找品牌合作人，合作一旦达成，品牌需要向平台支付合作费用的10%作为服务费用。

5. 发动身边的资源与博主建立联系

第五种方法是品牌发动自己的人脉资源,去寻找博主的联系方式。比如,品牌可以通过找其他的品牌方朋友、关系不错的其他博主、MCN 机构等来获取博主的联系方式。

四、"沟":做好合作前的沟通

合作前品牌要与博主进行初步沟通,在初步沟通时,最重要的是沟通价格,包括博主的图文笔记价格、视频笔记价格,报备价格、非报备价格,单品价格、合集价格等,都要沟通清楚。了解清楚以上内容后,品牌确定与博主合作时,还需要沟通清楚以下内容。

- 合作档期、合作主题、展现形式。
- 是否可以授权小红书官方账号使用。
- 是否授权商用(信息流广告、商品详情页)。
- 文案/视频中是否可以出现品牌名称。
- 发布之后进行评论维护,如果限流及时通知博主配合更改。
- 发布后七天提供浏览量截图。
- 是否可以配合拍单。
- 是否保证收录。
- 是否可以做内容多渠道分发。

五、"攻":攻克影响力大的博主

以上是与普通博主进行常规合作时需要对接清楚的信息,但在品牌发展阶段,如何攻克更具影响力的博主是令许多品牌苦恼的事情。与博主建立联系后,品牌怎样攻克博主,说服他们与我们合作呢？在我看来，与博主共情，站在他们的角度思考是关键。

通常情况下，博主与品牌合作，有四个关注点，这四个关注点决定了博主是否与品牌合作，如图5-10所示。

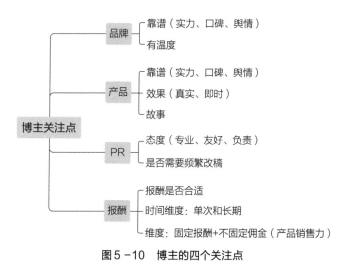

图5-10 博主的四个关注点

1. 品牌

品牌与博主正式合作之前，博主是甲方，品牌是乙方，此时品牌需要让博主感受到品牌是否靠谱，是否有温度。尤其是中小品牌，需要向博主证明自身的实力、口碑和舆情，以获得博主的信任。

2. 产品

博主获取粉丝并不容易，在创作软文笔记时，博主也要考虑产品的质量，不会轻易给质量差的产品做广告，那样做等于自掘坟墓。因此，品牌需要全方位向博主展示产品的相关信息，比如产品的使用效果如何、产品的用户反馈情况等。

除此之外，品牌还要为产品打造一个吸引人的故事，作为产品的支撑点。因为许多产品的效果不具有即时性，使用完后并不能立刻见效，而是要过一个月、三个月甚至一年才能看出效果。那些见效时间非常长的产品，通常很难被博主选择，此时，品牌就需要依靠产品的故事，给博主提供其他的卖点，让博主有话可讲。

3. PR

PR 是品牌与博主合作期间的直接联系人，PR 几乎代表着品牌的形象，PR 的态度对于博主来说也是考察的重点。如果一个品牌的 PR 在与博主沟通时展现出不专业、不友好、不负责的一面，那么博主几乎就不会选择与该品牌合作。

大部分品牌的 PR 不会出现这样的问题，但 PR 也不能只局限于自己的工作不出错，还要通过自己的努力，获得与博主合作的机会。有许多 PR 在与博主联系时另辟蹊径，获得了博主的青睐。比如，某品牌的 PR 为了让博主注意到自身品牌，直接给博主寄了一棵油橄榄树和一些油橄榄精华类产品，因为该品牌的主打产品就是油橄榄精华。油橄榄树属于生鲜，需要博主亲自签收，博主收到这棵油橄榄树，也颇感惊喜，最终促成了合作的达成。

4. 报酬

对于博主而言，报酬是最重要的。通常情况下，博主会依据自身粉丝量、合作的难易程度给出报价，品牌尽量不要大砍价，因为现在的优质博主很少，如果品牌在合作之初就大砍价，会在博主心中留下不好的印象，很难达成合作，即便达成合作，后续也很容易出现问题。

品牌在与博主合作时，如果认为博主的报价过高，且不能保证效果，则可以采用固定报酬加不固定佣金的形式。不固定佣金是指品牌根据博主发布笔记带来的销量给予博主分成，当品牌的产品具有独特卖点或是产品使用效果好时，博主更容易接受这种支付报酬的方式。

"天下难事，必作于易；天下大事，必作于细"，品牌在寻找博主、选择博主、与博主沟通时，采用的方法都是可以学习和借鉴的，前提是品牌足够用心。

5.2.3 Write：撰写高质量的 Brief

大部分品牌都会花大量时间和精力研究如何选择投放模型、如何找到优质博主、与博主谈价钱，然而却没有给出一份及格的 Brief，导致笔记的切入点不引人注目，没有展现出产品的核心卖点，从而使笔记的数据很差。

什么是 Brief？Brief 最初被广泛运用在广告行业中，称为创意简报，是指品牌将自身的需求厘清，告知广告公司，告知的方式就是撰写 Brief。简单来说，Brief 就是品牌对于博主打造笔记内容的要求。从这一角度来看，Brief 是品牌和博主沟通的桥梁，也是博主创作笔记的路标，很大程度上决定了品牌在用户面前的呈现方式和呈现效果。

很多品牌在撰写 Brief 时将 Brief 的作用弄错了，他们认为品牌是甲方，Brief 就是品牌下达给博主的指令。基于这样的认知，品牌撰写的 Brief 往往既令博主讨厌，又不能帮助品牌达到预期的投放效果。图 5-11 所示为博主最讨厌的 Brief，其内容包括要求博主直接打广告卖货、要求博主过度夸大产品效果和随意更改博主的创意。

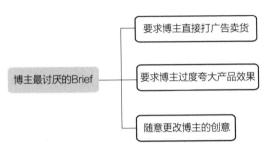

图 5-11 博主最讨厌的 Brief

事实上，Brief 是给博主看的，是方便博主快速深入了解品牌和产品、知悉品牌需求的，不是品牌下达给博主的指令。

还有一些品牌明确这一前提后写出了中规中矩的 Brief（见图 5-12），在 Brief 中写明产品卖点、爆文选题、内容结构、注意事项等。

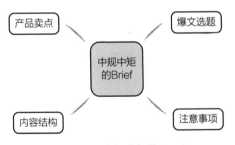

图 5-12 中规中矩的 Brief

这样的 Brief 对博主创作笔记有一定的指导意义，但还有很多信息被遗漏了，博主在创作笔记的过程中，很可能需要反复与品牌方确认信息。

为了让品牌全面、高效地撰写 Brief，我总结出 Brief 中需要写到的十个要素，如图 5-13 所示。

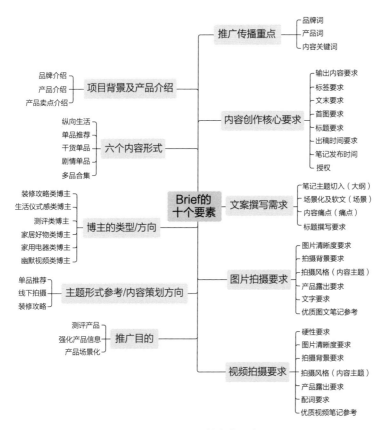

图 5-13 Brief 的十个要素

在这十个要素中，最不可或缺的是项目背景及产品介绍、内容创作核心要求、文案撰写需求和图片拍摄要求。品牌将这些信息传达出来，就能让博主更深刻地领会自己想要的软文笔记是什么样的。

在撰写 Brief 时，为了与小红书的"种草"氛围相契合，品牌可以在写出以上十个要素后，给予博主"种草"参考，直接阐述博主创作笔记的切入点，如表 5-3 所示。

表 5-3 某智慧母婴机的博主"种草"参考 Brief（部分）

母婴博主"种草"参考 Brief（部分）	
"种草"类型	单品"种草"
笔记标题	宝宝喂养好物，买了那么多，其实 1 台就够
笔记主旨	关注目标人群最为关注的痛点——新手妈妈选择奶粉喂养或者混合喂养后，给宝宝冲奶粉、暖奶是令她们感到头疼的事情，很多妈妈囤了一堆小电器，最终发现其实只需要一台多功能调奶器就可以满足所有需求
内容要点梳理	1. 必带"××智慧母婴机"，提及"多功能调奶器" 2. 从自己的育儿经历切入，分享自己给宝宝喂奶的过程中关注到的需求点（调奶、暖奶、奶瓶消毒烘干），强调××智慧母婴机可以"一机搞定"
选提卖点	1. 功能齐全，七合一 2. 双边独立运行，省时省力省空间 3. 分体式设计，清洁无死角 4. 恒温时常长达 72 小时，可随时冲泡，无须试温

在"种草"参考 Brief 中，该智慧母婴机品牌在 Brief 中阐明了笔记标题以及笔记主旨，博主可以直接参考 Brief 中的方法去打造笔记内容，这样既能为博主节省时间、提高效率，也能让笔记充分符合品牌的要求。

5.2.4 Guide：评论区引导"五部曲"

博主发布了带有品牌广告的笔记后，软文笔记的投放是否就结束了？当然不是。品牌还要与博主共同经营评论区，因为评论风向不对，所有努力都会白费，评论区是最大的"销售员"。比如，在品牌与博主耗费大量精力发布了广告笔记后，评论区只要有一位用户传达出自己使用该产品时的不良体验，就会立刻"劝退"想购买产品的大批用户。

因此,在博主发布了笔记后,品牌还要联合博主在评论区进行引导,激发用户的购买欲望,避免因为评论区的"差评"影响软文笔记的投放效果。如何引导呢?品牌可以学习评论区引导五部曲。

一、第一部曲:引出品牌名,再次强化

通常情况下小红书官方如果检测到笔记中出现了品牌名,很可能就会将其判定为广告而降低笔记的曝光量。因此,博主应尽量避免在笔记中直接点明品牌名,这样也会让笔记内容看起来更加真实。此时,博主可以在评论区自己写明品牌名,或是由其他个人账号在评论区引出品牌名字,然后博主对其评论进行回复或点赞。

例如,在某博主发布的软文笔记的评论区,某个人用户发布评论"我用的是××(品牌名)~很舒服",博主回复了这条评论:"我也是!夏天爱用!"如图5-14所示。

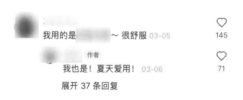

图5-14 在评论区引出品牌名

这条看起来是普通用户发表的评论,实际上是品牌与博主商量好的对策,既引出了品牌名,还带出了该品牌产品的使用体验——很舒服,以及最佳使用时间——夏天。一句简短的评论透露出了诸多信息。

在评论区引出品牌名的做法，一来增加了品牌的知名度，二来也让想购买的用户知道了品牌的名称，可以给品牌店铺引流。

二、第二部曲：引出购买地址，目标明确

当产品足够吸引人时，用户就会咨询购买渠道。为了避免用户找不到购买渠道或找到错误的购买渠道，在评论区引出购买地址是十分有必要的。

图 5-15 所示为某博主在评论区引出购买地址的评论，以用户询问的口吻引出，博主给出了肯定答复。

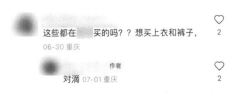

图 5-15 在评论区引出购买地址

三、第三部曲：引出用户顾虑，并解决顾虑

评论区是品牌收集问题并解答问题的关键地方，品牌在评论区可以了解和观察到用户购买产品的顾虑，比如，有的孕妇对某些产品很心动，但不知道孕妇是否可以使用，这就是她的购买顾虑。

品牌需要在评论区引出用户顾虑，并解决顾虑。这样一来，用户可以在评论区间接地了解产品是否适合自己，得到肯定答复后，用户没有了顾虑，更容易产生购买行为。

比如，某用户在笔记评论区描述了自己皮肤的情况，询问这款产品是否适合自己使用，博主回复了这位用户，并告诉她

可以使用更适合该用户的某款产品，如图5-16所示。与这位用户具有相同顾虑的其他用户，看到这个评论和回复后，更容易购买产品。

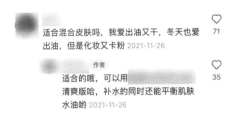

图5-16　在评论区引出用户顾虑

四、第四部曲：引出产品使用方法，强化产品卖点

有时博主在笔记中介绍了产品后，并不会介绍产品的使用方法，用户看完笔记后就会对产品的使用方法产生疑问。并不是每一位用户都会主动询问产品的使用方法，博主可以采用自问自答的方式，在评论区告诉用户产品的使用方法，这样做不仅能解决用户的问题，还能强化产品卖点。

比如，有一位博主在笔记中提到了烘干机，紧接着便在评论区引出了产品的使用方法，如图5-17所示。看到这条评论的用户，立刻就能知道烘干机可以与洗衣机连接使用。

图5-17　在评论区引出产品使用方法

五、第五部曲：规避负面评论，解决用户的问题

在本节的开头我们提出了负面评论会对用户的购买决策产生重要影响，那么，如果评论区出现了负面评论，品牌是不是直接要求博主删除负面评论呢？品牌可以这样做，但尽量不要直接删除。除非是竞争对手的恶意评论，如果那些发表负面评论的用户是购买过产品的用户，他们根据自身的使用体验给出了反馈，而品牌直接删除，则会令用户感到不适甚至愤怒，很容易引起舆论发酵。

对于负面评论，品牌首先要看能不能给予用户有效的反馈，比如，如果用户提到的问题在品牌产品升级后已经得到了有效解决，那么就可以直接在评论区告知用户这一消息；如果用户提到的问题品牌还未解决，也可以指出可能是这款产品不适合该用户，如"这款产品适合油性皮肤哦"。

记住，用户提出问题后品牌的第一要务是解决问题而不是逃避问题，如果处理得当，这些负面评论反而会产生正面影响。

【抄作业】

品牌投放高性价比软文笔记要遵守"SSWG"法则
- 选择合适的投放模型。
- 寻找合适的博主。
- 撰写高质量的 Brief。
- 在评论区进行引导。

5.3 投放后：实时数据监测与跟踪

为什么有些品牌一遍遍地投放软文笔记，却始终达不到预期效果，甚至效果越来越差？为什么有些品牌投放软文笔记的效果不稳定，有时能获得巨大成功，有时又效果奇差呢？因为这些品牌只是在机械性地投放软文笔记，没有在每次投放后进行后续跟踪和复盘，没有在过去的成功与失败中总结经验与教训。

软文笔记发布后，品牌的投放工作就完成了吗？当然不是。软文笔记发布后，品牌还要对相关数据进行监测，出现异常问题时还要进行深入分析，明确哪里出现了问题，避免同样的问题再次出现。在一次又一次的复盘修正中，品牌就能够熟练掌握所有投放技巧，避开软文笔记投放误区，达成低投入、高回报的投放结果。

5.3.1 数据监测的五大指标

品牌在小红书上投放软文笔记有五个指标需要实时监测，以了解软文笔记的投放效果，如图5-18所示。

第 5 章 品牌内容投放：优化投放策略

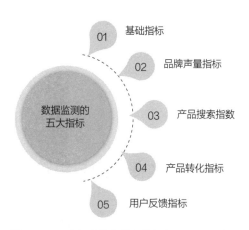

图 5-18 小红书软文笔记数据监测的五大指标

一、基础指标

基础指标是指直接呈现出来的数据结果，包括笔记的阅读量、点赞量、收藏量和评论量，以及用户直接从笔记跳转至品牌店铺后产生的成交量等。

通过监测基础指标，品牌就能够对本次软文笔记的投放结果产生基础认知，如果基础指标达不到，那么最终投放效果也会比较差。

二、品牌声量指标

品牌声量指标是指品牌在小红书上的相关排名。品牌投放了软文笔记后，需要从行业角度以及投放广度分析品牌有没有通过这次投放，与竞争品牌之间的品牌声量占比发生变化，衡量这一指标的专业术语叫 SOV⊖。

一些第三方数据平台可以统计品牌在行业内投放笔记的互

⊖ SOV：Share of voice，指曝光比重。

动量占比指数,以此来衡量品牌软文笔记的曝光程度,判断品牌声量是否有提升。

三、产品搜索指数

在投放完软文笔记后,品牌能够获取小红书官方提供的品牌词上升值,以及搜索词排名的变化,品牌词的上升幅度以及相关搜索词排名统称为产品搜索指数。

品牌可以将投放软文笔记之前的产品搜索指数记下,软文笔记投放过后,可以分时间段统计产品搜索指数,产品搜索指数越高,说明软文笔记的投放效果越好。

此外,小红书还开设了一个新的数据渠道叫回搜率,是指品牌投放了软文笔记后,用户看过这篇笔记后到小红书站内搜索相关品牌词的概率。这项数据指标能够直观地反映软文笔记是否打动了用户,如果这个数据比较高,则证明软文笔记投放得比较成功。

四、产品转化指标

产品转化指标分为直接转化指标和间接转化指标。直接转化指标是指通过本次软文笔记的投放,用户的进店量、商品链接点击率、总成交额、成本回报率等;间接转化指标是指那些无法估量的间接影响,包括品牌在用户心中的印象、好感度等。这些间接转化指标虽然不能立刻显现出来,但能在用户有购买品牌产品需求时,影响用户的购买决策。

通常情况下,品牌只能统计直接转化指标,这是品牌软文笔记投放效果好坏最直观的验证方式,直接转化指标越高,则说明软文笔记投放的效果越好。

五、用户反馈指标

用户反馈指标集中表现为用户的评论。在小红书笔记和店铺评论区，除博主和品牌自行维护、引导的评论外，其他的真实评论都是用户反馈，比如，有的用户会咨询产品品牌名，有的用户会咨询如何购买，有的用户会咨询相关功效，有的用户会咨询如何使用，有的用户会表达自己的担忧，有的用户会问使用过该产品的其他用户的意见，还有的用户可能会吐槽产品……

无论用户反馈是正面还是负面的，品牌都要将其收集起来，因为这些评论会传达出大量信息。比如，当用户咨询产品品牌名时，说明软文笔记内容吸引了用户，用户对产品产生了兴趣，但也暴露出软文笔记没有阐明品牌名的问题，在下次投放中，品牌可以将品牌名及时附上，促进用户购买；再比如，当用户咨询相关功效时，说明博主在阐述卖点时没有阐述清楚，在后续投放过程中需要注意。

品牌实时监测这五大指标，就能够从中获取大量信息，这项工作品牌不可忽略。

5.3.2 数据分析的四大方向

品牌在小红书投放软文笔记，可能存在数据不理想的情况，比如，笔记有流量，但转化率低，或是观看笔记的人寥寥无几等。在这些情况出现后，品牌不能置之不理，要进行深入分析，找出背后的原因，以防再次出现同样的问题。

在小红书软文笔记投放中，效果欠佳的软文笔记通常会出现四种数据结果，基于这四种数据结果，可以总结出品牌数据分析的四大方向，如图5-19所示。

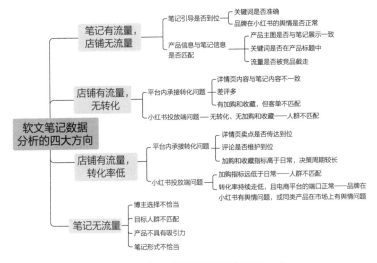

图5-19 软文笔记数据分析的四大方向

一、笔记有流量，店铺无流量

软文笔记数据分析的第一个方向是笔记有流量，店铺无流量。这种情况是指笔记在小红书上的点赞、收藏等效果比较好，阅读量也比较可观，但品牌在小红书上的店铺以及第三方电商平台上的浏览量、搜索量、销量等都没有提升。

如果出现这种情况，那么品牌需要考虑的问题可以聚焦在两点上：一是笔记引导是否到位，二是店铺内产品的相关信息是否与笔记中的信息相匹配。

品牌需要先检查笔记引导是否到位。第一个需要检查的是笔记中的关键词是否准确，这一点可以参照第3章中设置关键词的方法那部分内容。比如，某笔记中提到了三个产品，第一个产品是××电动梳，第二个产品是××洗发水，第三个产品是××精华，这篇笔记的阅读量非常高，第一个产品和第二个产品的销量都得到了大幅提升，而第三个产品却因为店铺内没有关键词，导致销量与软文笔记投放前没有差异。第二个需要检查的是品牌在小红书上的舆情是否正常。有时用户在使用了品牌的产品后觉得不满意，便会在小红书上发文吐槽，这有可能使品牌在小红书上的口碑变差。品牌需要经常在小红书上搜索与自身品牌相关的笔记，如果有以上情况出现，则应该及时与用户交涉，以免负面影响持续扩大。

第二个需要检查的是品牌店铺内产品的相关信息是否与笔记中的信息相匹配，当二者不匹配时，出现的现象就是电商平台上品牌或产品的搜索量比较高，但店铺的浏览量却没有提升。在这种情况下，即便用户对产品非常感兴趣，也会因为找不到品牌店铺或产品而放弃购买产品，这是一件非常遗憾的事。此时品牌需要检查店铺内产品主图是否与笔记中展示的图片一致、产品标题中是否有关键词以及流量是否被竞品截走。

二、店铺有流量，无转化

软文笔记数据分析的第二个方向是店铺有流量，无转化。这种情况是指用户通过软文笔记到达了店铺，店铺浏览量提升，但却因为店铺内存在一些问题，导致用户最终没有下单购买。

如果出现这种情况，那么品牌首先要思考三个问题：详情页内容与笔记内容是否不一致？店铺是否有很多差评？店铺加购量、收藏量是否有提升？如果前两个问题的答案是肯定的，那么品牌就要针对这两个问题进行改进。

第三个问题的答案如果是肯定的，那么品牌需要考虑用户能否承受产品的价格，引流过来的人群客单价与产品单价是否匹配。比如，如果品牌将目标人群聚焦在学生上，但店铺内产品的价格却不是一般学生能够承受的，那么就会出现产品加购量、收藏量提升，成交量却没有提升的情况。有一个香薰品牌投放了小红书软文笔记后,笔记的阅读量非常高,但在评论区却能看到大量用户对价格产生怀疑,这就是因为产品的价格与投放人群的消费能力不匹配。

第三个问题的答案如果是否定的,也就是产品既无转化,加购量和收藏量也没有提升,那么可以得出本次投放的软文笔记的目标人群出错了,笔记内容所吸引的人群与产品的目标人群不匹配。

三、店铺有流量,转化率低

软文笔记数据分析的第三个方向是店铺有流量,转化低。这种情况与第二种情况类似,但略有不同。当产品转化率低但不是完全没有转化时,可能出现的问题包括产品详情页的卖点是否传达到位,产品评论区是否维护到位以及加购量、收藏量是否有所提升等。

如果产品的加购量、收藏量有提升,并且用户最终购买了产品,只是用户的决策周期较长,那么说明用户是在多方比较后才决定购买产品。导致这种情况出现的原因包括产品卖点没有在第一时间击中用户的内心,占领用户心智;产品的单价过高,用户花了很长时间说服自己购买等。

如果产品的转化率持续走低,且电商平台内的端口一切正常,那么品牌需要重点考虑品牌在小红书的舆情,以及同类产品在市场上的舆情,再根据调查结果进行调整。曾经有一个奶制品品牌投放了软文笔记后,发现产品销售持续走低,品牌检查了投放流程中的所有步骤都没有发现问题,最终对舆情进行了监测,发现那段时间某品牌的奶制品质量出现了问题,导致用户对所有的奶制品都产生了怀疑,那段时间奶制品销量整体偏低。

四、笔记无流量

软文笔记数据分析的第四个方向是笔记无流量。如果笔记本身就没有流量，那么问题就出在投放前的准备和投放中的策略上。此时品牌的首要任务就是对投放前和投放中的工作进行全方位复盘，找出是哪个环节出了问题。比如，有的品牌前期的准备工作都做到位了，却在寻找博主上出了问题，找到了一位粉丝数量多，但粉丝画像与产品目标人群画像完全不同的博主。投放软文笔记后，该博主的粉丝对笔记内容完全不感兴趣，以至于笔记只有很低的阅读量、点赞量。

可能导致笔记无流量的情况，主要分为四类，即博主选择不恰当、目标人群不匹配、产品不具有吸引力和笔记形式不恰当，除了这四类主要问题，品牌还需综合考虑其他问题，有时细节上的小差异也能令最终结果天差地别。

在软文笔记投放数据异常时，品牌不必感到惊慌，也不用为损失的资金、资源等感到惋惜，能在一次次失败中总结经验，最终就会收获好的结果。当然，品牌按照软文笔记投放金字塔策略一步一步实施，会大大减少投放数据异常情况出现的概率。

【抄作业】

品牌投放软文笔记后要做好实时监测与跟踪
- 查看软文笔记基础指标、品牌声量指标、产品搜索指数、产品转化指标、用户反馈指标，判断软文笔记的投放效果。
- 软文笔记数据分析可以从"笔记有流量，店铺无流量""店铺有流量，无转化""店铺有流量，转化率低""笔记无流量"这四个方向出发。

第 6 章

营销工具：
小红书商业效果提升"三驾马车"

  品牌在使用小红书时，可以充分利用小红书站内和站外的营销工具，从而提升商业效果。小红书信息流广告和搜索广告、薯条、第三方数据平台是帮助品牌在小红书上提升商业效果的"三驾马车"。

6.1 信息流广告和搜索广告

小红书商业效果提升的第一驾马车是小红书平台广告。小红书平台广告分为两类：一类是信息流广告，这类广告出现在推荐页面；另一类是搜索广告，这类广告出现在搜索页面。通过信息流广告和搜索广告，品牌能够更快、更广地触达用户，做好这两类广告的投放，品牌营销事半功倍。

6.1.1 信息流广告投放技巧

信息流广告出现在小红书推荐页面，以图文或视频笔记的形式呈现，从推荐页面的第 6 个位置起，依次增加 10 位出现，比如推荐页面的第 6、16、26、36 等位置会出现信息流广告。

信息流广告能让优质笔记充分曝光，品牌在投放信息流广告时可以选择定向投放和全面通投两种方式。定向投放能够自定义投放人群，筛选目标人群，进而精准触达目标人群，让推广效果事半功倍；全面通投有助于品牌拓宽产品固定族群，打破品牌圈层束缚，更广泛地挖掘潜在用户。

品牌投放信息流广告，要掌握以下三大技巧，以提高信息流广告投放效率、提升信息流广告投放效果。

一、在笔记有自然互动的情况下投放

品牌对一篇笔记投放信息流广告，需要在笔记有一定自然互动的情况下投放,也就是用户进行互动后再投放。如果品牌刚刚发布了笔记,便立刻给笔记投放信息流广告,广告效果往往并不好。

因为当笔记有了自然互动后,才会被贴上标签,小红书的算法机制才会根据这些标签将笔记推荐给可能感兴趣的用户。如果品牌在笔记还没有自然互动的情况下就投放信息流广告,那么结果很可能是系统并不知道将这篇笔记推送给什么样的人群,笔记不能精准触达品牌目标人群,投放效率就比较低下,效果欠佳。

通常情况下,品牌可以在笔记至少有 10 个互动量时就开始投放,互动量更高,投放更精准。

二、自定义投放人群

品牌在小红书上投放信息流广告时,建议选择定向投放,而不是全面通投。在定向投放过程中,品牌可以选择目标人群的性别、年龄、兴趣爱好等特征,依据这些特征,品牌能够更加精准地将信息流广告投放给目标人群。目标人群的特征选择要与品牌产品的目标用户群体一致。

如果品牌的投放覆盖了精准人群一段时间后,预算还充裕,可以再拓宽投放人群,用来挖掘更多潜在用户。但初期投放时,尤其是中小品牌,投放人群越精准,投放效果越好。试想一下,将信息流广告投放给可能感兴趣的用户,是不是比投放给不知道是否感兴趣的用户更容易出效果呢?这就是我推荐品牌选择定向投放的重要原因。

三、选择内容优质的笔记投放

如果笔记发布初期没有什么自然互动量,那么说明品牌发布的笔记的内容不够优质。在这种情况下,我不建议品牌对这篇笔记投放信息流广告,投得越多,亏得越多。因为在品牌投放信息流广告时,即使投放效果不好,小红书也不会中断投放,对于品牌而言,没有效果的投放就是浪费资源。

内容优质是品牌投放任何广告的基础,如果一篇笔记的内容不够优质,哪怕这篇笔记被推送到100万个用户的眼前,这些用户也不会多看这篇笔记一眼。因此,我建议品牌不要投放自然点击率低于5%,自然互动率低于3%的笔记。

如果品牌的某款产品非常重要,品牌必须加强对这款产品的营销,那么品牌可以准备多篇不同内容的笔记,同时发布,发布后根据自然流量情况,选择其中效果最好的笔记投放信息流广告。

品牌投放信息流广告时还需要注意一点,即不要为相同的笔记制订重复的投放计划,这样做可能造成资源的浪费。

6.1.2 搜索广告投放技巧

搜索广告出现在小红书搜索页面,是通过用户主动搜索关键词而展现的一种广告形式。品牌可以通过采买品牌词、品类词等关键词精准触达意向用户,形成预期转化。

搜索广告会以图文或视频笔记、自定义图片或商品卡片的形式展现在小红书搜索页面,其展现位置是在搜索场景中从3起顺位加10递增。比如,用户搜索"口红"这个关键词,在搜索结果的第3、13、23等位置会出现搜索广告。

投放搜索广告能够帮品牌锁定高消费意愿用户,因为用户是主动检索品牌或产品相关信息,所以其消费意愿更加强烈,转化就会更高。同时,投放搜索广告还能让品牌对关键词进行卡位和拦截，锁定品牌关键词、品类关键词，从而建立品牌护城河，拦截竞品流量。

品牌投放搜索广告的关键是搭配合适的关键词。品牌投放搜索广告时需要设置主关键词、中长尾关键词、长尾关键词和相关关键词，其中主关键词是指品牌词、产品词，中长尾关键词是指品牌词、产品词与需求词的组合，长尾关键词是指品牌词、产品词与需求词、疑问词的组合，相关关键词是指大主题下的需求词。比如，某护手霜品牌的关键词设置情况如表6-1所示。关于如何设置关键词，在第3章中我已经做了详细阐述，在此不再赘述。

表6-1 品牌关键词设置类型

关键词类型	关键词组成公式+事例
主关键词	品牌词/产品词：小棕瓶、××品牌
中长尾关键词	品牌词/产品词+需求词：冬季护手霜推荐
长尾关键词	品牌词/产品词+需求词+疑问词：冬季护手霜有什么推荐？
相关关键词	大主题下的需求词："双十一"囤货清单

品牌切忌将不同词性的关键词杂糅在一个投放计划中，因为不同类型关键词的竞争力和点击率不同，价格也不同，杂糅在一起进行投放，投放效果并不好。

【抄作业】

◇ 品牌投放信息流广告要选择内容优质、有一定自然互动量的笔记。
◇ 品牌投放搜索广告要设置好关键词。

6.2 薯条

小红书商业效果提升的第二驾马车是薯条。薯条是一款为小红书用户打造的笔记推广工具,品牌和个人都可以使用。通过薯条,用户可以将笔记推广出去,提升笔记的曝光量、互动量或账号的粉丝量。合理使用薯条,能帮助品牌提升笔记的数据,从而促进产品的销售。

6.2.1 薯条功能介绍

薯条推广的流量与笔记的自然流量是完全独立开的,小红书采用了不同的分发机制,在使用薯条推广笔记时,品牌不用担心笔记本身的自然流量会受到影响。

品牌如何使用薯条呢?品牌点击进入自己想要推广的笔记页,点击笔记右上方的分享,在弹起的弹窗中,选择"薯条推广"按钮,便可以进入推广页面,如图6-1所示。

进入推广页面后,品牌可以选择内容加热和营销推广两种推广方式,但这两种推广方式都需要小红书账号达到相应的条件,如表6-2所示。

图6-1 薯条推广按钮

表6-2 薯条使用条件

薯条使用条件	
推广类型	使用条件
内容加热	粉丝数量≥500个 近28天发布笔记数量≥2篇 无社区违规行为
营销推广	有以下经营行为：1）进行专业号企业身份认证；2）在小红书内开店铺；3）入驻蒲公英平台；4）开通直播选品权限；5）开设专栏无社区违规行为

其中，内容加热适合投放生活日常、经验分享等无商业属性的笔记，投放过程中不展示广告标；营销推广适合投放直播预告、商品笔记等有商业属性的笔记，投放过程中展示赞助标，若笔记含有第三方产品或服务，需要提供相关资质。

满足薯条使用条件的品牌，进入下单页后，可以根据自身需求选择投放目标、投放时长、推广人群和投放金额。

在投放目标上，薯条的投放目标分为有三种，分别是"阅读播放量"模式、"点赞收藏量"模式和"粉丝关注量"

模式，选择不同的推广目标结果会产生一定的差异。选择"阅读播放量"模式，系统将重点提升阅读量数据；选择"点赞收藏量"模式，系统将重点提升点赞、收藏量数据；选择"粉丝关注量"模式，系统将重点提升关注量数据。如果品牌想多维度提升笔记的阅读量、互动量和关注，则建议多种模式配合交替投放，避免只选择一种模式。

在投放时长上，薯条支持多个时长的选择，投放时长越长，投放金额越大。薯条推广金额从 75 元起步，每 1 元等于 10 薯币，苹果的 iOS 系统需要额外加 30% 的服务费。

薯条还支持推广人群定向选择，品牌可以选择智能推广人群或者自定义设置，自主选择投放人群的性别、年龄、地域和兴趣等特征，审核通过后，笔记就会被成功推广给更多用户。

6.2.2 薯条投放四大技巧

品牌利用薯条为笔记做推广，也需要一定的技巧，不能盲目投放。通过多次试验，我总结出品牌投放薯条的四大技巧，遵循这四大技巧投放，品牌就能以更低的价格，收获更好的效果。

技巧一：内容优质笔记投放才有效果

薯条投放对于品牌推广而言是锦上添花，品牌很难通过薯条投放将一篇质量欠佳的笔记打造成爆文。因此，品牌投放薯条的前提是笔记内容优质，品牌可以按照第 3 章中提到的爆款笔记打造方法打造笔记，对于有把握成为爆文的笔记，或是已经有了爆文潜质的笔记，品牌才有投放薯条的必要。品牌可以选择发布时间较短的优质笔记进行投放，如发布时间在 30 天内，自然流量下已有一定阅读、点赞、收藏和评论量的笔记。

比如，品牌发布笔记后，在很短的时间里便有不少用户参与了互动，笔记的点赞量也比较可观，那么品牌就可以加一把火，趁机投放薯条，在自然流量不错的情况下，让笔记得到更多曝光量，进入更多用户的推荐页面，这对于笔记成为爆文非常有好处。

技巧二：新号测试、老号断更适合投放

在品牌注册了新账号，或是老账号长期没有发布笔记的情况下，需要为账号引流，此时投放薯条更合适。这与小红书的账号权重机制相关，新账号和断更很久的老账号权重较低，需要投放薯条引流来提升账号权重。

技巧三：先测试，再投放

品牌投放薯条初期，需要先进行测试，不要一次性投放太大金额，可以先投放 75 元试试看，如果数据效果不错，点击率（点击量/曝光量）、点赞比（点赞量/点击量）能够达到 10% 及以上，品牌就可以考虑继续投放。如果投放后效果很差，几乎没有任何数据增长，那么品牌应及时止损，不再扩大投放。

技巧四：自定义投放人群

品牌选择投放人群时，尽量选择自定义投放人群。品牌需要获得的是精准流量，如果随意投放，不仅无法获得想要的流量，还会白白浪费投放的金钱。

在自定义设置中，品牌可以根据产品目标人群设置投放人群。比如，美妆品牌在投放薯条时，可以选择年龄为 20 到 30 岁的年轻女性用户。通过限定投放人群，品牌可以获得更精准的目标用户，这些用户更容易转化，也更容易成为品牌的忠实粉丝。

掌握了以上四大技巧，品牌在投放薯条时会更加科学、合理，有利于品牌缩减成本，并提升投放效果。

6.2.3 薯条审核不通过的四大原因

品牌在投放薯条后,系统需要对笔记内容进行审核,审核不通过的原因主要有以下四个。

不通过原因一:笔记存在诱导购买行为

笔记审核不通过的第一个原因是笔记存在诱导购买行为,通知文案、具体规则和举例如下。

通知文案:抱歉,您的笔记内容涉及诱导购买行为,不适合薯条推广,请选择其他笔记,如有问题可查看《薯条推广服务协议》,退还薯币请到钱包查看。

具体规则:笔记内容涉及诱导购买行为,如绑定商品、优惠券、店铺等,审核不通过。

举例:如"点左边看价格、欢迎到店定制、欢迎下单"等内容均被视为诱导购买行为。

不通过原因二:存在诱导抽奖活动

笔记审核不通过的第二个原因是笔记存在诱导抽奖活动,通知文案、具体规则和举例如下。

通知文案:抱歉,您的笔记内容涉及诱导抽奖活动,不适合薯条推广,请选择其他笔记,如有问题可查看《薯条推广服务协议》,退还薯币请到钱包查看。

具体规则:笔记内容涉及抽奖活动(抽奖笔记),审核不通过。

举例:如笔记中存在"参与抽奖"等字眼都会被视为存在诱导抽奖活动。

不通过原因三:存在风险交易行为

笔记审核不通过的第三个原因是笔记存在风险交易行为,通知文案、具体规则和举例如下。

通知文案:抱歉,您的笔记内容涉及风险交易行为,不适合薯条推广,请选择其他笔记,如有问题可查看《薯条推广服务协议》,退还薯币请到钱包查看。

具体规则:笔记内容涉及医疗整形、金融投资理财、情感咨询、黑灰产等业务,审核不通过。

举例:如笔记中存在"垫鼻、隆胸、开眼角、割双眼皮、处方药、减肥、咽炎、便秘、口臭、鼻炎、狐臭、增高、脱发、丰胸、基金股票、招商"等字眼均被视为风险交易行为。

不通过原因四:存在非违法的营销行为

笔记审核不通过的第四个原因是笔记存在非违法的营销行为,通知文案、具体规则和举例如下。

通知文案:抱歉,您的笔记内容涉及营销行为,不适合薯条推广,请选择其他笔记,如有问题可查看《薯条推广服务协议》,退还薯币请到钱包查看。

具体规则:笔记文字、图片及用户信息涉及营销行为,审核不通过。

举例:如笔记中出现"淘宝店铺详情""产品价格介绍""私信我可代购"或"微信号"等字眼均被视为存在非违法的营销行为。

品牌在投放薯条时,要规避以上可能导致笔记审核不通过的情况。

【抄作业】

- 品牌投放薯条的四大技巧:内容优质笔记投放才有效果;新号测试、老号断更适合投放;先测试,再投放;自定义投放人群。

6.3 第三方数据平台

小红书商业效果提升的第三驾马车是第三方数据平台。第三方数据平台是品牌运营小红书的重要辅助工具,比如,通过新红数据平台,品牌可以更科学、全面地做好营销前的准备工作。用好第三方数据平台,对于品牌营销具有重要意义。本节将以新红数据平台为例,讲述品牌可以如何利用第三方数据平台更高效地寻找合适的投放博主、系统分析热点内容和话题、查找合适的投放关键词以及调研竞争品牌投放情况。

6.3.1 找红人——寻找合适的投放博主

新红数据平台的第一大主要功能是帮助品牌寻找合适的投放博主。通常情况下,品牌想找到合适的软文笔记投放博主,犹如大海捞针。但使用第三方数据平台,品牌可以快速找到最合适的投放博主。

在寻找博主时,品牌需要通过以下信息判断博主是否符合品牌要求:

- 看博主粉丝的性别比例。
- 看博主粉丝的兴趣标签。
- 看博主以往笔记的类型、内容及数据表现。

- 看博主笔记评论区的评论。
- 看博主的粉丝画像。

而这些信息,通过新红数据平台,可以迅速查找。在新红数据平台上,有一个找红人板块,点开这一板块,品牌可以直接搜索博主名称,也可以根据博主的类别、属性、内容特性、数据表现、粉丝画像、投放报价等各种信息,搜索出最优投放博主,如图6-2所示。

图6-2 新红数据平台找红人板块

找到相关博主后,品牌还可以点击查看博主的具体信息。比如,某母婴品牌通过限定条件,筛选出一些母婴类博主,那么,怎样确定这些母婴博主哪个最适合投放呢?这就需要品牌再对这些母婴博主的具体信息进行查看。

筛选过后,母婴品牌开始详细查看母婴博主的情况。通过新红数据平台,品牌可以查看博主的账号概览、粉丝分析、笔记分析、投放分析和品牌推广情况。

分析博主的账号概览,可以看到该博主的粉丝概览和笔记概览。在粉丝概览中,品牌可以查看博主的粉丝数量、粉丝性别比和粉丝兴趣标签。图6-3所示为某博主的粉丝概览,通过粉丝概览品牌可以看出这位博主的粉丝数据是否符合自身要求。

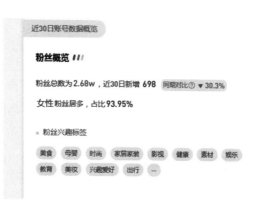

图 6-3　某博主的粉丝概览

再看该博主的笔记概览,在查看笔记概览时,品牌需要重点查看笔记的平均点赞、收藏、评价、分享等数据,这些数据能反映出该博主的笔记内容质量、活粉量等情况。

图 6-4 所示为该博主的笔记概览,从中我们可以发现,该博主笔记的平均点赞、收藏、评价、分享数据较低,这样的数据达不到同等博主的平均水平,不建议品牌与该博主合作。

图 6-4　某博主的笔记概览

6.3.2 热门内容——系统分析热点内容和热点话题

新红数据平台的第二大主要功能是帮助品牌系统分析热点内容和热点话题。品牌分析热点内容和热点话题,对于品牌把握当下潮流热点,打造出更受欢迎的笔记大有裨益。

一、分析热点内容

品牌分析当下的热点内容,通常从以下三点出发:

- 爆文笔记内容(标题、关键词、文案、图片)。
- 笔记数据增量(分析发文时间点对笔记的影响)。
- 评论区用户言论(了解小红书用户需求)。

在新红数据平台上,品牌可以像筛选博主一样,对笔记进行筛选,如图 6-5 所示。

图 6-5 新红数据平台笔记筛选页面

选择笔记分类、发布时间、笔记类型、数据表现等条件后,会得出符合条件的笔记,这些笔记就是我们要查看的热门笔记。点击筛选出来的热门笔记,品牌可以对热门笔记进行细致分析。比如,选择"母婴育儿"类目、发布时间"近7天"、红人属性"头部KOL"、粉丝数"≥50万"、赞藏数"1万~10万",筛选出的第一篇笔记就是标题为"我这个姐姐怎么样?"的笔记,如图6-6所示。

图6-6 筛选后排名第一的笔记

查看这篇笔记,品牌可以看到这篇笔记的互动数据、相关品牌和相关评论,如图6-7所示。

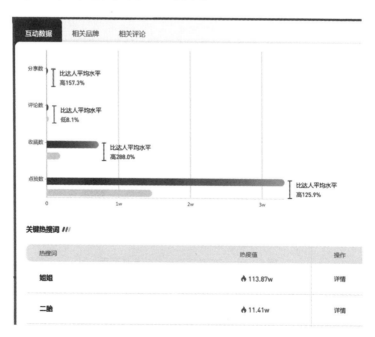

图6-7 笔记具体情况

通过这篇笔记的具体情况,品牌可以发现"姐姐""二胎"等关键词容易触动母婴用户,尤其是"姐姐"这个关键词,热度值非常高。所以母婴品牌在打造内容时,可以从多胎家庭的关系入手。

除此之外,品牌还可以学习热门笔记的标题、文案、图片等关键点,吸取他人的成功经验,努力打造出属于品牌自己的爆文。

二、分析热点话题

品牌分析热点话题,主要参考以下四点:

- 热点话题参与者画像及数据表现对比。
- 热点话题发文博主列表。
- 带有热点话题的优质笔记。
- 节日/活动话题。

在新红数据平台上,品牌可以通过限定话题类型搜索相关领域的热门话题。比如,搜索关键词"备孕",选择话题类型"母婴育儿",选择排序方式"按30天互动增量",可以得出"骗你生女儿""人类幼崽可以多可爱""萌娃日常""辣妈育儿经"等热门话题,还可以查看这些话题的总浏览量、总参与人数、近30天笔记增量等信息,如图6-8所示。

筛选出热门话题"骗你生女儿"后,品牌还可以查看这个热门话题的详细信息,如图6-9所示。

其中,参考热门话题的相关笔记,品牌可以看到多篇与话题相关的笔记,可以参考这些笔记内容;参考热门话题的参与者画像,品牌可以看到话题参与者的性别占比、属性分布等信

图 6-8 筛选后的热门话题

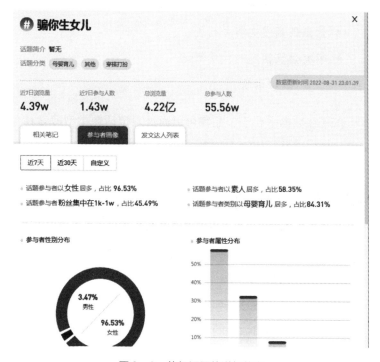

图 6-9 热门话题的详细信息

息,从而明确话题的目标用户;参考发文达人列表,品牌可以选择其中的优质博主进行合作。

总而言之,利用新红数据平台的热门内容板块,品牌可以迅速掌握当下的流行热点,把握用户需求,跟上时代步伐,打造出受欢迎的笔记内容。

6.3.3 流量分析——查找合适的投放关键词

新红数据平台的第三大主要功能是帮助品牌查找合适的投放关键词。在新红数据平台的流量分析板块,品牌可以查找关键词、查看热搜词排名、分析竞品热搜词参与度、了解类别相关热搜词趋势。

通常情况下,品牌查找合适的投放关键词,会从以下六个方面入手:

- 搜索热度高的关键词。
- 布局长尾关键词。
- 挖掘有需求的关键词。
- 参考竞争对手的关键词布局。
- 查看热门笔记,分析用户需求及兴趣点。
- 监测关键词热度。

在新红数据平台上,品牌可以完成以上六个方面的操作。比如,在新红数据平台上搜索"备孕",选择查询时间"近一个月",会得出多个搜索结果,还会展示这些关键词的热度,如图6-10所示。

图6-10 热搜词搜索结果

得出搜索结果后,品牌可以进一步点击关键词查看更详细的信息。比如,点击"科学备孕"这个关键词,可以看到与这个关键词相关的笔记的数量、热度值趋势,以及相关的热搜索、品牌和互动画像,如图6-11所示。

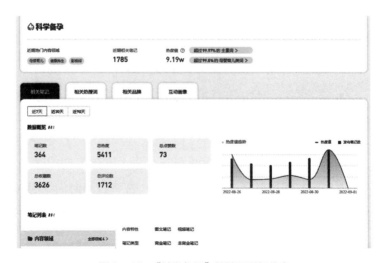

图6-11 "科学备孕"关键词详细信息

品牌根据关键词的综合信息，可以分析出哪些关键词值得投放。

此外，品牌在使用新红数据平台时，还可以通过查看热搜词排行榜、上升榜来查找关键词。比如，母婴品牌在关键词热度榜上选择母婴育儿这个内容领域，可以得出近期这个领域的关键热搜词为"宝宝""孩子""妈妈""上学""萌娃"等，每个关键热搜词的相关笔记数量和热度值都有所呈现，如图6-12所示。

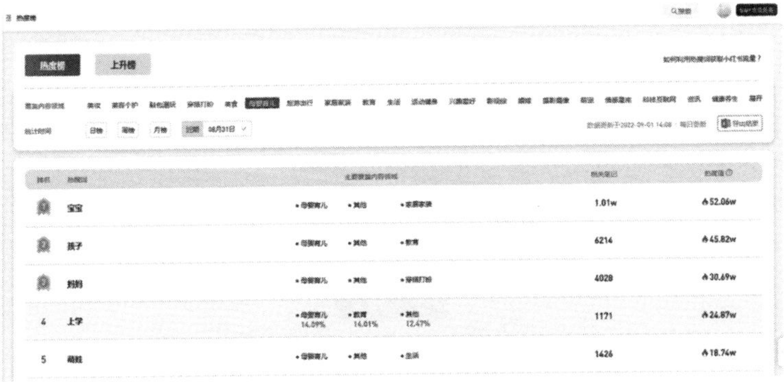

图6-12 热度榜母婴育儿领域搜索结果

为了避免品牌投放关键词时关键词热度消退，品牌还可以通过新红数据平台上的趋势查询功能，查看关键词的未来热度趋势。比如，查找关键词"备孕"，就可以看到这个关键词的热度趋势，如图6-13所示。

品牌如果对多个关键词犹豫不决，还可以使用新红数据平台的关键词对比功能，一次性输入五个关键词，进行多维度数据对比，得出最合适的关键词，如图6-14所示。

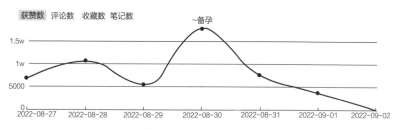

图6-13 关键词"备孕"的热度趋势

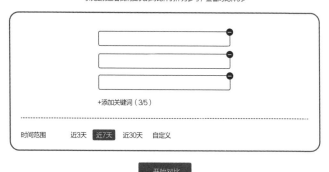

图6-14 关键词对比功能

通过以上分析功能,品牌可以在新红数据平台上快速、准确地找到合适的关键词,避免投放不具有吸引力和热度的关键词。

6.3.4 品牌营销——调研竞争品牌投放情况

新红数据平台的第四大主要功能是帮助品牌调研竞争品牌投放情况。竞争品牌的投放行为对于品牌而言具有很好的借鉴性,对于竞争品牌广告投放中的优势,我们可以借鉴;对于竞争品牌广告投放中的误区,我们可以规避。

通常情况下,品牌在调研竞争品牌广告投放情况时,会分析竞争品牌笔记投放数量、博主投放类型与比例、投放的内容形式、投放数据、评论区舆论风向、竞品的购买人群画像、竞品购买人群关注点、竞品电商平台的评论、竞品访客量等。品牌要想通过小红书或其他电商平台全面掌握竞品的这些信息，操作起来有些困难，而通过新红数据平台，品牌可以全面掌握竞品的投放信息。

在新红数据平台上，品牌可以搜索各个品牌，了解该品牌的种草笔记数、种草互动量、预估阅读量、商业笔记数量、商业互动量和预估商业投放报价，如图6-15所示。

图6-15　品牌投放信息搜索

点击这些品牌，还可以看到更详细的竞品品牌投放预估表。比如，某验孕工具品牌可以将自身投放信息与竞品品牌投放信息放在一起比较，形成竞品品牌投放预估表，这样可以更直观、清晰地看到双方投放的优势，如表6-3所示。

通过第三方数据平台，品牌可以更快速、准确地了解各种投放信息，虽然可能需要付出一定的成本，但却能收获超越价格的服务，使品牌的广告投放更加科学、合理，提高广告投放性价比。品牌可以根据自身情况，选择合适的第三方数据平台，并摸索出其多种功能，提高投放广告的效率。

表6-3 竞品品牌投放预估表

竞品品牌投放预估表（90天）							
品牌				品牌			
段位	人数（人）	单个博主费用预估（元）	预估投放费用合计（元）	段位	人数（人）	单个博主费用预估（元）	预估投放费用合计（元）
腰部	4	7000	28000	腰部	1	7000	7000
初级达人	18	3000	54000	初级达人	40	3000	120000
素人	44	200	8800	素人	12	200	2400
商业笔记	8	3000	24000	商业笔记	7	3000	21000
统计	74	/	114800	统计	60	/	150400
内容形式	图文占比	视频占比	/	内容形式	图文占比	视频占比	/
	92.54%	7.46%	/		96.20%	3.80%	/
优质种草笔记	种草笔记标题	笔记链接	互动量	优质种草笔记	种草笔记标题	笔记链接	互动量
	二胎妈妈的备孕方法分享!!		1640		男性备孕‖如何自测精子质		12651
	三款验孕工具实测!拒绝出		844		宫颈癌TERC基因居家自测,		868
	排卵时,身体都悄悄告诉你		755		测排卵一个月怀上!备孕真		469
	♥三款验孕工具大测评!		617		男性备孕‖自测精子质量		264
	二胎妈妈的备孕经验分享快		419		备孕准爸妈往这看,我的高效		279

> 【抄作业】
>
> ○ 第三方数据平台可以帮助品牌寻找合适的投放博主、系统分析热点内容和话题、查找合适的投放关键词以及调研竞争品牌投放情况。

第7章

引流私域：
"养鱼"的三大"鱼塘法则"

私域流量就是品牌自己的鱼塘，鱼塘可控，鱼属于你，可以繁殖。那么，品牌如何将公域流量池中的用户引流到自身私域流量池，养好"鱼"呢？"养鱼"的三大"鱼塘法则"将帮助品牌养好鱼，建立自己的大鱼塘。

7.1 鱼塘思维，助你养好私域"鱼儿"

在运营私域之前，品牌首先要对小红书私域流量建立"鱼塘思维"，明白私域就是"可控的鱼塘"，从而将用户引流至私域，建立属于自己的鱼塘。

7.1.1 私域就是"可控的鱼塘"

提起"私域流量"，人们往往会想起一个对照词语——公域流量。将这两个词语放在一起解释更容易理解。公域流量是指在一个公共区域内的流量，这些流量是所有品牌共享的，不属于某个品牌或个人，品牌想获得这些流量比较艰难；私域流量是指品牌自主拥有的流量，它是可重复利用的、可控制的。

鱼儿在江河中，渔民们运气好时能捕上一网大鱼，运气坏时连一条鱼都捕不到；将鱼儿放在鱼塘中，随时随地、轻轻松松就能捕到，并且鱼儿在鱼塘中繁衍生息，源源不绝。渔民们不可控制的江河就是公域，可以管控的鱼塘就是私域。

通俗地说，私域就是品牌自己的鱼塘，鱼塘可控，鱼属于你，可以繁殖。

对于品牌而言，小红书是一个公共区域，小红书上的广大用户属于公域流量。那么,加入了品牌群聊的小红书用户就是品牌的私域流量了吗?可以这么说,但品牌在小红书上的私域流量不止于此,以下四种情况,都可以视为用户成了品牌的私域流量。

- 用户在脑海中记住了品牌,对品牌产生了深刻印象,即使不加微信、不进社群,也属于品牌的私域流量。
- 用户关注了品牌的小红书账号或加入了品牌的小红书群聊。
- 用户添加了品牌运营人员的微信,进入了品牌的微信群聊。
- 用户在小红书上被"种草",进入品牌线下店铺并消费,添加了品牌线下门店销售人员的联系方式。

一、私域流量的三大特性

私域流量具有三大特性:长期性、排他性、付费性。

长期性体现在品牌对用户的长期维系上,品牌将用户引入私域,就是为了能够长期与用户直接交流,与用户建立长远而忠诚的关系。要想达成这个结果,品牌需要长期坚持在私域输出优质内容,给用户提供独一无二的价值,用户才会长远地忠诚于品牌。

排他性体现在用户心智被品牌占领后,在需要相关产品时,不再考虑其他品牌的产品,会不假思索地购买该品牌的产品。比如,某位用户进入某品牌小红书群聊后,看到品牌在群内分享的眉笔后,便购买了这款眉笔。因为使用后感觉良好,所以在眉笔使用完后,这位用户直接进入该品牌店铺再次购买了这款眉笔。在这个过程中，这位用户没有考虑过购买其他品牌的眉笔。

付费性体现在私域运营的目的上，品牌将用户引流至私域，最终目的是引导用户购买品牌的产品，且希望这种购买行为多次、反复发生。品牌维护私域用户，成本很高，只有用户能够产生购买行为，品牌得到相应回报，才会形成良性循环。如果私域用户始终不购买品牌的产品，品牌的私域运营工作很快就会偃旗息鼓。

二、私域流量的两大优势

相较于公域流量，私域流量主要有两大优势：一是流量更可控，二是性价比更高。

1. 流量更可控

这一优势是显而易见的，在用户进入品牌的私域后，品牌能做的动作就更多，也更容易被用户看到，用户更容易被影响。比如，当用户还在公域时，品牌只能通过在小红书上发布笔记、投放广告等方式影响用户，而当用户进入品牌的私域后，品牌可以直接与用户一对一交流，能直接、深入地掌握用户的喜好，明确用户的需求，更容易获得用户的信任。

2. 性价比更高

上文提到私域流量具有付费性，用户进入私域后，品牌可以反复影响用户，促使用户反复购买，这比单次投放广告的性价比高得多。虽然品牌需要支付一定的费用给团队成员，但相较于高昂的广告费用，这笔费用实属九牛一毛。

需要注意的是，虽然私域流量具有以上两个优势，但品牌也要用心运营。品牌在拉近与用户之间距离的同时，用户看到的品牌形象也会放大，如果品牌有做得不好的地方，也会被放大，会引起用户的反感。

7.1.2 四大理由让你不得不引流

为什么要将小红书上的流量引到私域？我们可以先看一个案例。

在小红书上火爆的某国货美妆品牌，就是因为将公域流量引到私域，一跃成为广大用户心中的"国货之光"。该品牌成立于2017年，是一个非常年轻的品牌。但到2018年，该品牌第一次参加天猫"双11"时，仅仅用了90分钟，销售额就突破了1亿元；2022年，该品牌开启"618"彩妆狂欢盛典，实现全渠道销售额破亿元。

该品牌在小红书投放软文笔记和做私域流量运营的动作是其取得成功的关键。投放软文笔记的要点在前文中已经提过，这里可以从私域流量运营方面来看看该品牌是如何取得成功的。该品牌申请了上百个个人微信账号，这些微信账号的昵称都叫"小完子"，利用这些账号，该品牌成功玩转了私域流量。

首先，该品牌建立了"小完子玩美研究所"社群，在小红书上将用户引导至微信上后，用户就会收到小完子发来的入群邀请。该品牌运营团队每天都会在社群中发布各种美妆内容，并发起一些直播和抽奖活动，给用户提供福利，让用户信任品牌。同时，该品牌还会在社群内展开用户调研和市场调查，为品牌产品优化和迭代提供方向。

其次，该品牌还将小完子塑造成一个热爱美妆的可爱女孩，在朋友圈里发布小完子的日常生活小事、分享小完子的美妆体验。用户在朋友圈看到小完子发布的信息，就像是看到自己的朋友发布的信息一样。这个举措大大缩短了用户与该品牌之间的距离，用户每天在朋友圈看到小完子的信息，也能在需要购买彩妆时第一时间想起该品牌。

如果该品牌的例子不足以打动品牌将流量引入私域，那么我要说，对于品牌而言，将小红书公域流量引流到私域，有四个不得不做的理由。

一、流量成本越来越高

随着流量红利的消失，品牌的获客成本急剧攀升。无论是在小红书、其他互联网平台还是在线下实体店，品牌要想提高知名度，广告投入越来越大。举一个简单的例子，小红书上具有一定知名度的博主的合作价格节节攀升，即使品牌与这些博主合作，也无法保证广告效果。

过去广大用户是带着探究的心态主动探索互联网，积极参与各大互联网平台发布的活动，品牌在各大互联网平台上发布广告，也很容易被用户接受。但当用户逐渐熟悉了品牌广告的各种"套路"，并开始厌倦层出不穷的广告时，他们就不再轻易受到广告的影响，一般的广告很难令用户信服，广告的成本越来越高。

随着市场竞争的越发激烈，高昂的获客成本成为悬在所有品牌头上的一柄长剑。虽然小红书的日活量很大，但这些流量并不是品牌的流量。为了改变当前的被动局面，将小红书上具有高价值、高影响力、高活跃度的"三高"人群，从公域抢夺到品牌的私域，成为诸多品牌的首要任务。

在私域中，品牌可以反复、免费触达用户，那些原本要多次投入高昂成本才能获得的用户，在私域中只需要用极低的成本去维护。简而言之，将公域用户转化为品牌的私域用户，能够让品牌低成本、高效率地获取用户，从而提高销量。

二、内容运营越来越难

品牌在小红书上发布优质内容来获取用户，已经成为一种约定俗成的获客手段。然而在小红书上，内容运营越来越难。首先，笔记很难成为爆文，产品很难成为爆款。很多品牌负责人向我吐槽："团队耗费大量时间和精力打造出来的笔记，很难成为爆文，我们主推的产品，成为爆款的非常少。"事实上，打造爆文、爆款产品，需要天时、地利、人和，哪怕掌握了相关技巧，也不能确定打造出的每篇笔记都能成为爆文，推广的每款产品都能成为爆款。

其次，品牌运营团队持续打造内容，是一件非常耗费心力的事情。每个人的精力都是有限的，长久地从事内容运营工作，会耗费每一位团队成员尤其是品牌负责人的心力。长期耗费大量精力去做内容运营，会令品牌负责人丧失对于内容运营的热情。

最后，随着小红书上的内容创作者逐渐增多，内容竞争持续加剧。在小红书上，几乎每时每刻都有拥有无限创意、才华的博主涌出，各个品牌的创作团队也在内容创作上铆足了劲儿，依靠内容"出圈"对于品牌来说越来越难。

尽管如此，对于大部分品牌尤其是小品牌而言，打造优质内容依旧是吸引用户的关键。不过在打造内容的同时，也要注重将流量往私域引导,延长品牌发展的生命线。

三、行业竞争越来越激烈

品牌需要认识到一个严峻的问题：无论我们是否做私域运营,我们的对手都一直在做私域运营。在小红书上,当其他品牌都在将客户引流到私域,在私域进行精细化运营的时候,如果我们的品牌还在观望、等待,那么我们很快就会发现自己很难从小红书上获得流量了。当公域流量被对手攫取完毕,能够信任品牌、成为品牌忠实粉丝的用户越来越少时,品牌的生存状况就会越来越差。

尤其是在这个充满不确定性的时代,各种流行风尚、潮流热点很有可能瞬息间就会偃旗息鼓,被用户和时代抛弃。跟不上步伐的品牌如果依旧沉溺于跟风,那么等风过去就只会留下一地鸡毛。但品牌如果将用户引流到私域,就可以加强与用户之间的连接,预知用户喜好的改变,及时规避风险,让自身的发展更加稳健。

四、私域流量越来越宝贵

在平台上的品牌都在绞尽脑汁将用户引流到私域时,私域流量变得越来越宝贵。举个例子,同处美妆行业的两个品牌A和B,都在不断地将用户引流到私域,但大部分用户并不会抗拒同时进入多个品牌的私域,所以同一个用户很有可能既在品牌A的私域社群里,又在品牌B的私域社群里。

在这种情况下,品牌不仅需要在引导用户进入自己的私域流量池时耗费心力,在运营私域流量池时同样需要花费大量的精力,否则用户就会更加信任其他品牌。当私域流量越来越宝贵,而品牌却不去做私域运营时,市场先机就会被其他品牌占尽，等待品牌的只有被淘汰的命运。

长久来看，所有的技巧、方法最终都会被淘汰，新的运营方式将取代旧的运营方式，各种各样的商业模式层出不穷。但无论技巧、方法如何改变，品牌如果将用户牢牢抓在手里，就一定有存活下去的希望。品牌运营私域，就是将用户抓在手中的重要方法。

【抄作业】
- 品牌的私域流量是可重复利用的、可控制的，具有长期性、排他性、付费性。
- 在流量成本越来越高、内容运营越来越难、行业竞争越来越激烈、私域流量越来越宝贵的当下，品牌必须精细化运营私域流量。

7.2 万能"鱼塘打造法宝",帮你建立自己的"鱼塘"

品牌要想将用户引流到私域,就要掌握安全引流的方法,否则被小红书判定为违规操作将得不偿失。依据多年经验,我总结出品牌将用户安全引流到私域的万能"鱼塘打造法定",如图7-1所示,帮助品牌将别人鱼塘的鱼变成自己鱼塘的鱼。

图 7-1　鱼塘打造法宝

7.2.1 "钓鱼":账号信息引导

品牌成功将用户引流到私域的第一个法宝是账号信息引导,是指品牌将信息放置在小红书账号上,包括品牌联系方式、线下门店地址等,用户看到后可以根据这些信息联系品牌,成为品牌的忠实客户。

对于起步阶段的小品牌来说,可以在品牌账号主页上放上专门用来与用户联系的邮箱地址或微博地址,直接放手机号、微信号会被系统判断为违规操作。对于比较成熟的大品牌来说,不用特意在品牌账号主页放上联系方式,因为这样与大品牌的风格不符,容易拉低品牌在用户心中的形象。大品牌在账号主页上可以放线下门店的地址,将线上用户导流到线下私域,线下门店员工提供优质服务,并添加用户的联系方式,及时维护用户,也能将用户锁定在品牌的私域流量池中。

比如,某化妆品品牌就在品牌主页中设置了线下门店的地址、联系方式和营业时间等信息,用户点击查看线下门店,还能看到附近门店离自己的距离,如图7-2所示。

图7-2 品牌在账号主页设置线下门店信息

通过账号信息引导,品牌能顺利实现将用户引导至线下和线上私域。有的用户想联系品牌,却因为找不到联系方式而放弃,如果品牌将信息放在账号主页,用户能直观获取联系方式,就不用耗费力气到处寻找了。

7.2.2 "聊鱼":私聊引导

品牌成功将用户引流到私域的第二个法宝是私聊引导,是指品牌在笔记文案中加入引导用户与品牌私聊的话术,在私聊中增强用户黏性,或是将用户拉入小红书社群的引流方法。

私聊引导的要点是直接表明用户能从私聊中获得的好处,让用户感受到私聊的必要性。比如,有些小服装品牌在小红书上发布了自家的产品,但并未指明可以在哪里购买这些服装,于是评论区就有部分用户询问购买地址,品牌便回复用户"私聊"。

为了降低被小红书封号的风险,品牌不能直接回复用户"私聊"这两个字。通常,品牌可以采用两种方式:一种是隐晦地告诉用户私聊,如回复用户"私～""换个地方告诉你""我单独发你"等;另一种是注册一些小号,用小号告诉用户私聊,以降低大号被封的风险,比如"想知道详细情况的仙女们可以私信我"。

需要注意的是,品牌不要每条评论都回复,多次回复同样的信息会被平台视为违规操作。品牌可以只回复热门评论,这样用户一眼就能看到。

小红书对于私信的管控非常严格,如果品牌账号发送重复私信次数过多,就有可能被判定为营销推广信息,从而被限制私信功能。同时,在私信发送联系方式时如果遇到竞争对手恶意举报,也会被限制私信功能。面对这些情况,品牌需要掌握正确的回复私信的方式,具体操作如下:

- 不连续集中回复用户,否则会被禁言。
- 回复不同的用户,中间间隔3分钟。
- 提前准备好带联系方式的图片,用图片代替文字回复。图片也需要多做一些,不要反复发送同样的图片。

- 不要直接回复联系方式,容易被举报,可以先和用户私聊几句,确定对方意向后再发送联系方式。

7.2.3 "诱鱼":置顶笔记引导

品牌成功将用户引流到私域的第三个法宝是置顶笔记引导,是指品牌专门发布一篇笔记,在笔记中引导用户添加品牌的联系方式,或是放置品牌小红书社群链接。

置顶笔记引导是私聊引导法的补充,当私信的用户太多出现限制私信功能的情况时,品牌可以将带有联系方式的笔记置顶。用户点击进入品牌账号主页后,立刻就能看到置顶笔记,从而获取联系方式。

置顶笔记也不是随意设置的。置顶笔记可以是品牌发布过的数据较好的笔记,该笔记会被系统反复推荐,容易让更多用户看到;也可以是品牌专门为发布联系方式打造的笔记,这篇笔记要让用户知道品牌能够为他们带来什么价值,从而愿意进入品牌的私域。

比如,某谷物养生粉品牌就将自身产品的独家配方写出来,分为"乌发补肾""补气养血""祛湿健脾"三类,注明各种配料的克数、冲调方法、功效等信息,吸引用户注意。这篇笔记被该品牌置顶,并在评论区写出了到该品牌线下门店购买产品的方式,如图7-3所示。

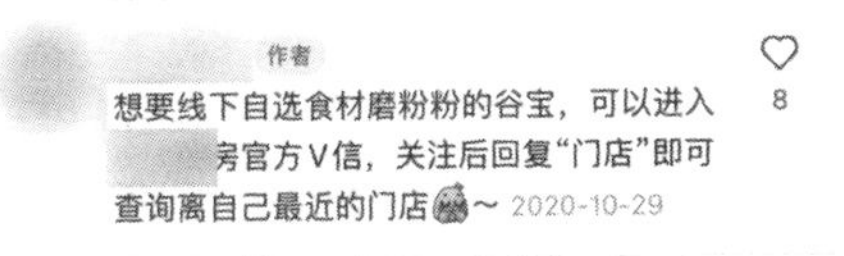

图7-3 品牌在置顶笔记中将用户引流到私域

这篇笔记受到了用户的广泛好评，让需要"乌发补肾""补气养血""祛湿健脾"的用户有了相应的对策。如果有用户对这些配方存疑，或是想直接购买成品，就可以直接通过品牌在置顶笔记中提供的方法联系品牌，或是到线下门店购买，既能将用户引流至私域，又能促进品牌产品的销量，一举两得。

7.2.4 "圈鱼"：直播引导

品牌成功将用户引流到私域的第四个法宝是直播引导，是指品牌在直播过程中透露私域信息，引导用户加入品牌社群、添加品牌运营者的联系方式等。

小红书直播功能在 2020 年年初上线，比起其他互联网平台的直播，小红书直播更适合品牌进行"种草"。因为小红书用户并不喜欢赤裸裸的卖货直播，而是更青睐具有背景铺垫、更有内容的"种草"直播。

品牌可以在自己的账号上开启直播，让主播在直播过程中引导用户进入品牌私域。由于直播时主播可以直接与用户沟通，随时获取用户的反馈，随时解答用户的疑问，所以直播引导法的效果好于其他方法。另外，品牌可以在直播中利用一些福利活动来提升用户的积极性，让更多用户进入品牌私域。

比如，某儿童益智玩具品牌就经常直播。在直播过程中，主播教授观看直播的用户如何使用这些益智玩具，以及如何引导孩子玩这些益智玩具，并告诉用户，如果购买了产品后不知道如何使用，可以添加品牌的联系方式。通过这种给用户提供价值的方式，该品牌将不少用户引流至了私域。

同时，在每次直播开始前，品牌可以在社群、朋友圈等私域中进行直播预告，提升直播间人气，形成双向引流。

7.2.5 "钓鱼"：评论区引导

品牌成功将用户引流到私域的第五个法宝是评论区引导，是指品牌在评论区发布或回复带有私域信息的评论，比如，在用户询问品牌问题时，回复"小仙女，加入群聊获取更多信息""客官借一步说话"等，或是直接放置小红书社群邀请码，如图7-4所示。

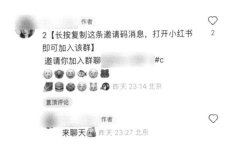

图7-4 在评论区引导用户进入品牌私域

这些被品牌发布的笔记吸引的粉丝，能在私域中与品牌逐渐形成长远而忠诚的关系。

值得注意的是，私域流量运营是一项长期工程，将用户安全引流至私域只是这项工程的第一步。品牌不能以非常功利的心态将这些用户视为"韭菜"，要明白只有为用户提供价值，才能获得用户信赖。用户来到品牌的私域后可以随时退出，品牌要提供独一无二的价值，才能让用户留下来。

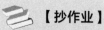

【抄作业】

- 品牌在小红书上将用户安全引流至私域的五大法宝：账号信息引导、私聊引导、置顶笔记引导、直播引导、评论区引导。
- 品牌运营私域流量是一项长期工程，不可太过功利，需要提供独一无二的价值，才能让用户信任。

7.3 社群"养鱼"模式,让你从 0 到 1 建立"大鱼塘"

在本章第 1 节中我们提出私域流量包含的范围很广,为什么要在本节重点讲解小红书社群运营呢?主要有以下五点原因:

- 社群是承载私域流量最重要的场景之一。
- 社群是私域中可操作空间最大的工具。
- 社群能够一对多连接用户。
- 社群是品牌信息传播加速器。
- 社群能够促进品牌与用户之间的连接。

总而言之,社群是品牌运营私域流量最重要的工具之一,也是最大的"鱼塘"。无论是小红书社群还是微信社群,都能够帮助品牌高效率、低成本地连接用户。掌握社群运营方法,对于品牌而言十分重要。

7.3.1 社群"鱼塘"理论

在很久很久以前,人类的力量很弱小,与野兽正面对抗时很难打赢野兽。于是人们开始合作,组队打猎,结合众人之力打死野兽，获得食物。最后由几个人组成的团体慢慢演变成部落，部落中所有人汇聚在一起有一个共同的目标：活下去。

部落就是早期的社群。社群之所以能够将人聚集起来，是因为社群成员有共同的目标、利益主张、价值观和兴趣爱好，成员之间能够在社群中交流这些共同的东西，形成了稳固的利益、情感、思想融合团体。

一、五大优势

在互联网时代到来后，人们发现线下的社群连接可以在线上实现，且更加便捷，因此，线上社群风靡起来，成为人们工作、娱乐、谈天说地的重要场所。很多人都把品牌社群与微信群画等号，这是不准确的，因为社群的形态有很多种，微信群只是其中一种，小红书群聊、微博群、豆瓣小组、论坛、线下社团都是社群的表现形式。具体而言，品牌建立社群具有以下五大优势。

1. 成本低

建立一个社群的成本很低，有些品牌创建社群可以说是"零成本"。因为品牌可以直接拉已有用户入群，然后运营社群即可。当社群发展到一定规模，社群成员之间形成很强的黏性以后，社群还可以进行裂变。比起需要投入大量人力物力的其他营销方式，社群是一个投入低产出高的营销场所。

2. 传播快

社群是由一群拥有共同目标、共同喜好、共同需求和共同价值观的用户组成的，在这样一群用户中，品牌信息的传播速度和效率会大大提高。比如，品牌发布了新品，在社群中宣传后,社群用户会分享给自己的朋友,和朋友一起购买新品。

3. 转化率高

一般来说,社群的转化率要高于其他营销模式,因为社群用户与品牌之间已经建立了信任关系,且社群用户是品牌的精准受众,只要稍微进行刺激,社群用户便会产生购买行为,销售转化率自然很高。

4. 复购率高

一旦品牌和社群用户之间建立了信任关系,而且品牌产品或服务是优质的,那么社群用户的复购率会非常高。有些品牌甚至不需要开发新客户,依靠老客户就能保证盈利。

5. 有延伸价值

当我们深度挖掘社群后就会发现,社群的价值是可以延伸的。因为社群用户的需求会不断变化,而品牌则可以根据这些变化来调整运营目标,或者拓展新的服务和产品。比如,某母婴品牌原本只生产孕期母亲使用的产品,但看到社群中母亲们对于婴幼儿产品的需求,该母婴品牌也开始开发婴幼儿产品。

总的来说,社群的营销优势有很多,私域流量运营的突破口之一就是社群,它是促进品牌营销的重要途径。

二、两大特征

品牌建立的私域社群具有社交性、工具性这两大特征。

1. 社交性

经营社群就是经营品牌与用户、用户与用户之间的信任关系,这种信任关系的产生与人与人之间信任关系的产生一样,需要社交,简言之,品牌社群具有社交性。

许多品牌社群运营失败的原因是让社群丧失了社交性。在这些社群中，品牌处于绝对主导地位，用户几乎从不发言，品牌唱"独角戏"。如果品牌能够让社群和其他自发建立起来的社群一样，用户能够在其中自由自在地分享自己的所见所闻，并随意添加好友，促进社群内部交流，那么用户会非常喜爱且忠诚于品牌社群。

2．工具性

社群是一个集用户管理、销售、营销、售后等功能于一体的工具。社群是产品销售的重要渠道，很多爆款产品就是通过社群的传播火起来的。品牌要把社群当成一个重要的营销和转化工具，并充分利用和挖掘它的价值。

通过分析和探究社群的定义、优势、特征，品牌能够对社群有一个更加清晰和全面的认识，在构建社群、运营社群时就会更有目的性和针对性。

7.3.2　社群"养鱼"模式

如何构建社群对于品牌而言不是难事，但如何运营社群是难点。有的品牌负责人曾向我询问："我们将用户引流至社群后，每日精心维护，可用户要么悄无声息，要么直接退群，根本没有什么用户因为社群而购买产品，这是哪里出了问题呢？"

这是许多品牌运营社群的通病，将用户引流至社群后，品牌就失去了目标，不知道该如何维系这些用户，有的品牌直接开始在社群里推销产品，有的品牌每日发一些无关痛痒的话，最终导致用户流失，终日只有品牌运营团队的人在社群内发言。

简单来说，将用户引流至社群不是品牌运营私域流量的目的，而将用户沉淀下来，完成销售转化，提升用户对品牌的信任度，才是品牌最终要实现的目的。要想达成这个目的，品牌要从流量思维向用户思维迁移，也就是说，品牌要站在用户的角度思考：自己如果加入了品牌社群，究竟想看到什么样的内容，从中获得什么样的价值呢？

当品牌了解这一点后，再反向推理品牌运营社群时究竟要做哪些动作就比较容易了。用户加入品牌社群，通常有以下四个需求：一是了解品牌产品的信息，更快掌握品牌发布的产品的情况；二是获得一定的福利、折扣，能够以更优惠的价格购买品牌的产品；三是与品牌交流，比如表达自己内心对品牌的看法；四是与社群中的其他用户交流，比如互相交流使用体验等。

基于这四大需求，我们可以得出社群"养鱼"模式：产品分享、福利活动、售后处理、兴趣交流。流水不腐，户枢不蠹。品牌通过以上四个动作，让社群活跃起来，社群就会成为一汪不会断流的活水，始终保持生机。

一、产品分享：用产品"养"

用户加入品牌社群，最主要的需求便是希望通过社群，第一时间掌握品牌产品的信息。比如，有的用户在小红书上看到了某化妆品品牌发布的笔记，笔记中介绍了该品牌一款产品的基础信息，但用户通过这些基础信息，并不能判断这段产品究竟是否适合自己使用，于是便主动加入品牌社群，在群中询问产品的其他信息，以判断是否购买这款产品。

因此，品牌可以定时、定次在社群中分享产品信息，让用户第一时间获取产品信息，感受到身处社群的价值。品牌分享产品信息的形式可以参考"种草"笔记的形式，让产品分享变得不那么生硬，在用户没有"刷"到品牌笔记的时候，也能让用户被"种草"。

值得注意的是，品牌不要过于频繁地分享产品，否则会被用户认为是在频繁"打广告"，引起用户反感。

二、福利活动：用优惠"养"

福利活动也是品牌在运营社群时必不可少的内容之一。几乎所有用户都希望能以更便宜的价格买到同样的产品，当用户发现进入品牌社群能够时不时获得一些福利、享受一些折扣活动时，他们会非常高兴，甚至会拉自己的亲朋好友进入品牌社群。

有的品牌会定期在社群内发起产品打折活动，挑选一款用户购买率最高、最喜爱的产品，进行限时、限量抢购活动。用户积极参与其中，抢到折扣产品的用户非常高兴，没有抢到的用户表示遗憾，社群中非常热闹。

品牌定时在社群中举行福利活动，虽然可能需要耗费一定成本，但能够增强用户黏性，提高社群活跃度，对于维系老用户和抓住新用户都有很大好处。有时打完折后的产品依旧有着较高的利润，举办社群福利活动等同于举办促销活动，值得品牌去做。

三、售后处理：用影响力"养"

用户购买产品后，需要一个反馈信息的窗口，品牌社群可以成为这个窗口。比如，有的用户购买品牌产品并使用过后，认为产品哪里需要改进，或存在瑕疵，可以直接在社群中询问品牌运营者，运营者可以直接承认错误，然后给予一定的补偿。其他用户能够从中看到品牌的态度，提升对品牌的好感度。有的用户购买品牌产品并使用过后，觉得非常满意，也会主动到社群中分享，其他用户看到后，很容易被影响，也购买同款产品。

品牌不用担心在社群中处理售后问题会影响品牌在用户心中的形象，只要不是特别大的原则性错误，用户通常都会理解，同时观望品牌的处理过程。如果品牌处理得当，则更容易让用户信服，化危机为商机。

四、兴趣交流：用话题"养"

兴趣交流方面的内容也是品牌运营者需要在社群中发布的内容。用户加入品牌社群，更多时候是因为对品牌产品的相关领域感兴趣，如果没有用户在品牌社群中对相关领域发起讨论，则很容易造成用户流失。

举个例子，某宠物用品品牌在小红书上发起了在多个城市免费领猫砂的活动，将大量用户引流至品牌社群当中。这些用户都是养宠用户，为了让这些用户在社群中活跃起来，品牌运营团队在群里发起了"晒"宠物照片的活动。养宠用户都认为自己的宠物非常可爱，一时间纷纷在社群里发布宠物照片，用户之间还会互相夸奖、赞美对方的宠物，社群的氛围变得和谐、美好。

品牌在社群中就用户的共同兴趣发起交流，能激发用户的表达欲望，让用户大胆表达自己的想法，用户在社群中受到了关注，也更愿意留在社群。通过表达，用户在品牌社群中获得了参与感、归属感和满足感，产生了一定的情感体验。在用户表达的同时，品牌还可以从中窥探到用户的需求，对于品牌掌握用户潜在需求也有莫大的好处。

除了上述四大"养鱼"模式，品牌还可以在社群中做其他事情，比如产品测试。在产品上线之前和更新迭代阶段，品牌可以通过社群来做产品测试，社群强大的互动功能能够帮助品牌及时收到用户反馈，品牌可以据此迅速对产品做出优化和调整。对于用户而言，免费使用产品并且参与产品的研发，也是一件值得做的事情。

总而言之，品牌在社群中所做的事情，都要从用户角度思考，能够给用户带去利益和价值，让每位用户都感受到品牌社群的价值，否则将损害品牌与用户之间的关系。

【抄作业】

- 社群成员有共同的目标、利益主张、价值观和兴趣爱好。
- 品牌建立社群具有成本低、传播快、转化率高、复购率高、有延伸价值等优势。
- 品牌社群具有社交性、工具性两大特征。
- 品牌社群四大"养鱼"模式：产品分享——用产品"养"、福利活动——用优惠"养"、售后处理——用影响力"养"、兴趣交流——用话题"养"。

第8章

投放复盘：
总结提升"三板斧"

　　复盘是指品牌将过去的运营工作重新演绎一遍，从而获得对这件事更深理解的动作。复盘有利于品牌规避同样的错误，并找到规律，将投放流程和方法固化，最终降低广告投放成本。品牌进行投放复盘，可以采用投放复盘三板斧，将"蒙眼投"变成"瞄准投"。

8.1 ROI 复盘

品牌投放复盘的第一板斧是 ROI 复盘。ROI 是经济学中的专业术语,是指投资回报率(return on investment),即企业从一项投资活动中得到的经济回报。品牌在小红书上投放广告,也需要计算投资回报率,计算投资回报率需要对爆文率、笔记数量、关键词页面占比、阅读量与互动量、访客量、转化率等方面进行分析,我们将其统称为 ROI 复盘,如图 8-1 所示。

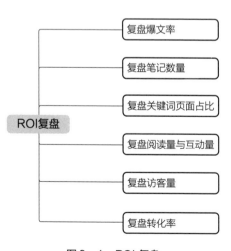

图 8-1 ROI 复盘

8.1.1 复盘爆文率

品牌进行 ROI 复盘,第一步需要复盘的是爆文率。爆文率是判断广告 ROI 的重要指标,在复盘爆文率前,品牌需要先了解什么样的笔记可以称为爆文。在第 3 章中我们提到过,一般来说,爆文的标准是互动量(点赞、收藏和评论)达到 1000,但在不同的领域,标准也会有所不同。

此外,判断笔记是否属于爆文,不仅要看笔记的互动量,还要看互动量达成的时间。通常情况下,能在一个月内达到以上互动量的,则可以称为爆文。

了解爆文标准后,品牌可以统计软文笔记投放总数量和爆文数量,用爆文数量除以软文笔记投放总数量,得出本次投放的爆文率。通常情况下,如果爆文率达到 20%,则说明品牌的投放达到了效果。比如,品牌投放了 200 篇笔记,其中有 40 篇及以上的笔记成为爆文,就是比较不错的成绩。

8.1.2 复盘笔记数量

品牌进行 ROI 复盘,第二步需要复盘的是笔记数量。品牌投放软文笔记时,投放的笔记数量越多,看到广告的用户就越多。因此,品牌做 ROI 复盘,还要看投放的笔记数量是否达标。

如果品牌投放的笔记数量达标,但笔记阅读量、互动量低,则说明笔记的质量欠佳,品牌需要对笔记的内容进行调整,或是总结经验,为下一次投放做准备;如果品牌投放的笔记数量不多,但每篇笔记的阅读量、互动量都不错,那么说明品牌投放的笔记比较优质，品牌可以总结其中的成功经验，在下一次投放时复刻这些经验。

8.1.3 复盘关键词页面占比

品牌进行 ROI 复盘，第三步需要复盘的是关键词页面占比情况。品牌复盘关键词页面占比情况主要是为了查看关键词的设置是否合理，是否能够引起用户共鸣。

品牌复盘关键词页面占比，需要在小红书搜索页面查看品牌设置的主关键词、中长尾关键词、长尾关键词和相关关键词占比情况。通过对这些关键词占比情况进行复盘，品牌能够对用户搜索关键词的类型建立清晰认知，在后续投放工作中，能够多使用用户更喜欢的关键词，以提升广告投放效果。

8.1.4 复盘阅读量与互动量

品牌进行 ROI 复盘，第四步需要复盘广告的阅读量与互动量。广告的阅读量通常需要博主在自己的账号上截图，互动量品牌可以直接在小红书上查看。对于没有建立信任度的博主，品牌需要认真核实博主提供的笔记的阅读量与互动量数据，以免博主弄虚作假，提供不实的数据，影响品牌评估投放效果和进行复盘。

如果笔记的阅读量高，互动量低，比如笔记的阅读量有 3 万，但点赞量却不到 100，评论和收藏量各有几十，那么说明笔记的流量足够，但笔记的质量不达标，没有引起用户共鸣、戳中用户"痛点"。此时，品牌需要对笔记的内容进行复盘，明确如何修改笔记内容，才能增强用户的互动量。

如果笔记的阅读量低，互动量高，比如笔记的阅读量有一万，评论量、点赞量和收藏量加起来有几百，那么说明这篇笔记内容比较优质，但笔记没有推广出去。此时，品牌需要对这篇笔记追加流量推广费用，如投放薯条，使这篇优质笔记在更大范围内扩散，被更多用户看到。

8.1.5 复盘访客量

品牌进行 ROI 复盘，第五步需要复盘店铺的访客量。店铺访客量是衡量品牌广告投放效果的重要指标。品牌投放广告后，一段时间内线上电商平台的访客量会增加，复盘电商平台的访客量，可以知道用户被"种草"的情况。

品牌在小红书上投放广告时，可以在广告文案中埋下专用关键词，引导用户到电商平台上搜索这个专用关键词。比如，有的品牌会在广告文案中设置"紫胖子""红枫树"等特定词汇，引导用户搜索专用关键词。品牌通过电商平台上搜索专用关键词的数量，可以得出有多少用户是通过小红书被"种草"的。

对于在电商平台上没有店铺的品牌，还可以将用户引流至品牌微信或微信公众号等私域，此时品牌复盘微信的添加人数或微信公众号的新增关注人数，即可知道哪些用户是从小红书上被引流过来的。

对于到线下消费的用户，品牌也可以进行调查，询问用户是从哪个渠道了解品牌或产品的，从而获得小红书广告的引流效果反馈。

8.1.6 复盘转化率

品牌进行 ROI 复盘，第六步需要复盘品牌店铺的转化率。转化率是衡量品牌广告投放效果最直观的指标，转化率越高，说明品牌广告的投放效果越好。

转化率是指查看广告后，直接购买了产品的用户占比。品牌投放广告，能让用户看完广告立刻购买的概率不高，因为用户购买产品会考虑多方面的因素，包括价格、质量、自己是否需要等。要想让用户看完广告后立刻购买产品，品牌需要打造出一个独一无二的卖点，让用户一看就想买，忽略价格等其他因素。

品牌进行 ROI 复盘，目的是通过效果好的广告积累经验，通过效果差的广告总结教训，复盘过程一定要细致，不能放过可能影响广告效果的任何因素，这样才能逐步提高升广告投放效果。

> 【抄作业】
>
> ☼ 品牌复盘 ROI，需要复盘爆文率、笔记数量、关键词页面占比、笔记阅读量与互动量、访客量、转化率。

8.2 用户心智复盘

品牌投放复盘的第二板斧是用户心智复盘，如图8-2所示。大部分品牌的复盘止于第一板斧，只对ROI进行复盘。事实上，品牌做复盘时，要更重视对用户的心智渗透而非ROI。当用户的心智被品牌渗透后，产生购买行为是迟早的事。

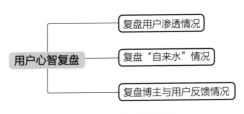

图8-2 用户心智复盘

另外，有些品牌的广告投放效果并不能完全通过ROI来看。比如，某大型电器品牌的产品单价很高，投放广告后查看ROI，发现没有产生任何转化。这意味着这个品牌的投放效果差吗？并不完全如此。事实上，这家大型电器品牌的负责人对于本次投放效果感到非常满意，因为在软文笔记的评论区，大量用户都表示被"种草"了，等到他们需要购买同类产品的时候，会优先选择这款电器产品。这就是因为用户的心智被渗透了,哪怕当下没有产生转化,品牌的知名度、影响力也被放大了。

8.2.1 复盘用户渗透情况

品牌复盘用户心智的第一步是复盘用户渗透情况,即复盘广告投放后品牌或产品在广大用户心中是否留下了良好印象。品牌投放广告的用户渗透情况不像 ROI 那样有具体的数据结果,需要品牌去笔记的评论区挖掘,或是查看笔记的收藏数量。

用户评论如何,是品牌衡量用户渗透情况的重要指标。在一些第三方数据平台比如新红平台上,品牌可以导出笔记评论区的评论,分析用户对品牌、产品的印象。

如果品牌投放广告的评论区舆论导向较好,则说明用户渗透情况较好。比如,某服装品牌投放了软文笔记后,评论区清一色都是用户在询问"怎么买";某化妆品品牌投放软文笔记后,评论区有许多用户表示"真的很好用";某雪糕品牌投放软文笔记后,评论区许多用户评论"除了贵,都挺好"……这些评论充分说明了用户对软文笔记的认可,证明大部分用户被"种草"了。且这些舆论导向好的评论被其他用户看到后,其他用户也会受到这些评论的影响,对品牌产生良好印象。

如果品牌投放广告的评论区舆论导向不好,或是评论的人寥寥无几,则说明用户渗透情况较差。比如,有的软文笔记的评论区有用户发表"认真的吗?面料看起来很差""买过,质量不好"等对品牌宣传不利的评论,不仅代表这些用户对品牌产品存疑,还会影响看到这些评论的其他用户,哪怕有的用户被软文笔记"种草"了,看到这些评论后也可能会打消购买产品的念头。

软文笔记收藏量的多少也能反映出用户渗透情况。收藏量越多,代表软文笔记的用户渗透情况越好。通常情况下,合集类、攻略类、教程类笔记的收藏量较多,更能够给用户提供价值。某护肤品品牌经常发布一些关于皮肤症状的笔记,如"油皮的十大特征""干皮的十大特征";还发布常见皮肤问题的护理方法,如"油皮如何去油""干皮怎样保湿"等。这些笔记的收藏量都非常高,因为这些笔记能够戳中大部分小红书用户的"痛点",让用户感到自己符合该品牌所说的症状,并尝试着使用该品牌发布的方法去缓解自己的症状。在不知不觉中,用户已经开始信赖该护肤品品牌,如果这些用户需要使用护肤品,可能会第一时间购买这个护肤品品牌的产品。

品牌复盘用户渗透情况是一个非常必要的动作。在对用户渗透情况进行复盘的过程中,品牌能掌握市场舆论导向,了解用户的喜好趋势,为品牌后续的发展做准备。

8.2.2 复盘"自来水"情况

品牌复盘用户心智的第二步是复盘"自来水"情况。在网络用语中,"自来水"最初是指免费的、自发推荐某部影视剧作品的网络用户,这些网络用户与那些专门从事宣传推广工作的宣传人员有着本质区别,他们是以自愿为原则,因为喜欢这些影视剧作品而真诚推荐的。"自来水"的力量是巨大的,很多影视剧作品因为"自来水"的宣传,成了热门影视剧。品牌在小红书上投放广告,也需要关注"自来水"用户。

"自来水"用户主要分为三类，品牌要着重关注这三类用户，并对这些用户的数据进行复盘。

第一种"自来水"用户是因为品牌投放的广告或产品火爆一时，为了追随热点而自发购买产品，并在使用后在小红书上宣传产品的博主。这些博主通常都是粉丝量不多的专职博主，广告合作不多，平常需要自己寻找素材，维持小红书笔记的更新频率。当品牌打造出比较火爆的产品时，这些博主也会自发购买产品，并在小红书上做免费宣传。对于博主来说，这样做能帮助他们吸引用户关注，也能彰显他们紧随潮流热点的精神，从而在用户心中留下良好的印象。对于品牌来说，不用花钱便能得到免费的宣传，且这种宣传比付费宣传看起来更加真实，更能打动用户。比如，有的品牌投放了500篇软文笔记，品牌产品在小红书上风靡一时，据品牌统计，品牌产品"火"了之后，共有50个博主自发购买产品并发布了相关笔记。

第二种"自来水"用户是主动提出与品牌进行合作置换的博主，这些博主并不需要品牌支付报酬，只要求品牌提供试用产品。这些博主与第一种情况中自费购买产品的博主相似，稍有不同的是品牌产品的价格可能较为昂贵，博主自费购买产品比较吃力，于是便向品牌提出用宣传服务置换产品的要求。在这种情况下，品牌可以自主选择是否与博主进行置换，如果品牌认为博主提供的宣传服务与产品价值匹配，则可以选择置换；如果品牌认为博主提供的宣传服务比不上产品价值，则可以选择不置换。

第三种"自来水"用户是购买品牌的产品，使用后进行真实效果分享的普通用户。这些用户并不是小红书专职博主，平常很少在小红书上发布笔记。他们使用过品牌的产品后，认为效果很好或超出预期，便以一种"发现好产品然后分享给别人"的心态在小红书上发布笔记。这些"自来水"用户虽然没有多少粉丝，但他们的笔记真实，可信度高，对于品牌而言，宣传效果非常好。

这些"自来水"用户能够更加敏锐地发现品牌产品的优势，并通过图片、文案等表现方式将其放大，且这些"自来水"用户会使用更具真实感的语言，更容易获得其他用户的信任，对于宣传品牌产品有着巨大的好处。

品牌"自来水"用户多，证明品牌的产品有过人之处，用户认可产品，平平无奇甚至有质量缺陷的产品不会有"自来水"用户免费推荐。品牌对"自来水"用户进行复盘，可以发现自身产品的优势与不足，促进产品迭代升级。

8.2.3 复盘博主与用户反馈情况

品牌复盘用户心智的第三步是复盘博主与用户反馈情况。博主与用户对品牌产品的反馈情况，是使用品牌产品后产生的真实感受，对于品牌改进产品具有重要意义。对于博主和用户的正向反馈，也就是他们认为品牌产品做得好的地方，品牌要继续保持；对于博主和用户的反向反馈，也就是他们认为品牌产品做得不好的地方，品牌要谦虚接受，并加以改进。

如何复盘博主与用户的反馈情况呢？品牌可以通过调查问卷、社群询问、一对一私聊等方式进行。品牌在使用这些方式获取博主和用户的反馈意见时，要着重对待头部博主和腰部博主的反馈意见。头部博主和腰部博主往往在其擅长的领域内更加专业，能够更加全面地看待产品，且头部博主和腰部博主通常使用过许多同类产品，明确产品之间的差异在哪里，他们的反馈更具有借鉴意义。

品牌复盘博主与用户的反馈情况需要具体、细致。比如，在使用调查问卷询问博主与用户的使用体验时，调查问卷要具体到询问博主和用户能否记得住产品的包装、外观，在使用产品前对品牌有什么样的印象，使用产品后印象是否发生了改变，使用体验如何，是否达到了他们的预期，产品有哪些需要改进的地方等。

通过收集这些信息，品牌可以对广告投放的渗透情况建立清晰的认知，进一步明确用户的需求，知道下一步该在哪些方面进行改进。

【抄作业】

○ 品牌复盘用户心智，需要复盘用户渗透情况、"自来水"情况、博主与用户反馈情况。

8.3 团队人员复盘

品牌投放复盘的第三板斧是团队人员复盘。团队人员是品牌广告的直接投放人,团队人员的工作情况直接关系到品牌广告的投放效果,因此,品牌负责人对团队人员进行复盘,是十分有必要的。

品牌负责人对团队人员进行复盘,要从两个方面出发,第一个方面是复盘团队人员的工作执行情况,第二个方面是复盘团队人员的工作理解情况,如图 8-3 所示。

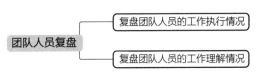

图 8-3 团队人员复盘

8.3.1 复盘团队人员的工作执行情况

品牌负责人复盘团队人员的工作执行情况,可以从团队人员投放软文笔记的爆文量、每月笔记产出数量、Brief 撰写评分、找博主的数量等方面来进行。

一、投放软文笔记的爆文量

在大部分品牌小红书运营团队中，人员的薪资结构为底薪加提成，其中底薪是固定的，提成依据其打造的爆文量决定。比如，某品牌小红书运营团队人员每月的基础工作目标是投放200篇软文笔记，如果其中有爆文的话另外给予奖励。

品牌负责人复盘团队人员的爆文量，能够直观地感受到团队人员的工作成果，看出团队人员工作是否努力。如果团队人员在某个月投放的软文笔记爆文量高，那么品牌负责人可以对其进行奖励，以鼓舞该人员和团队其他人员；如果团队人员在某个月投放的软文笔记爆文量低于往月平均水平很多，那么品牌负责人需要了解团队人员的工作情况、工作状态、生活状况，并帮助团队人员解决工作中遇到的问题。

二、每月笔记产出数量

团队人员每月笔记产出数量也是品牌负责人需要复盘的。通常情况下，每个团队人员每月需要完成10~30篇笔记（视团队人员数量而定），品牌负责人需要查看团队人员是否完成了相应指标，对于没有完成的人员，要询问其没有完成的原因。

三、Brief撰写评分

撰写Brief是团队人员的核心技能之一，Brief撰写的好坏会直接影响到品牌广告投放效果。品牌负责人需要对团队人员的Brief撰写情况进行复盘，查看他们每篇Brief的评分情况。比如，某品牌负责人将团队人员的Brief撰写评分按照好坏程度分为1~5颗星五个等级，如果团队人员本月撰写的Brief的平均评分低于四星，那么品牌负责人就需要与团队人员谈话，查找 Brief 撰写评分低的原因，并对其进行专门的 Brief 撰写辅导，帮助其在下一个月提高 Brief 撰写评分。

四、找博主的数量

寻找博主是团队人员的日常工作之一，品牌负责人需要复盘团队人员寻找博主的数量。团队人员寻找的博主，分为泛博主和精准博主两类，泛博主是指博主的定位与品牌产品所处领域没有直接联系的博主，精准博主是指博主的定位与品牌产品所处领域有直接联系的博主。对于这两类博主的寻找情况，品牌负责人要分开考核。

通常情况下，品牌每月要求团队人员寻找的博主数量为 50~200 个，具体数量由博主类型以及博主层次决定。

品牌负责人复盘团队人员寻找博主的数量考察的是团队人员的工作积极性和沟通能力，如果团队人员在寻找博主数量方面没有达标，品牌负责人也要对其进行询问，并做出相应的辅导或惩处。

除了以上四个方面，品牌负责人还可以从团队人员的其他工作达成情况来判断其工作执行情况，这里的复盘主要以工作结果为导向，考核员工的工作态度和工作能力。

8.3.2 复盘团队人员的工作理解情况

品牌负责人复盘团队人员对工作的理解情况，比复盘团队人员的工作执行情况更困难。因为团队人员对工作的理解情况是无法量化的，是一种认知层面上的东西，不能通过具体数据体现出来。

团队人员对工作的理解情况,会大大影响团队人员的工作执行情况。当团队人员对工作的理解很深入、很全面,能够站在更高的层次看待投放工作时,其工作执行情况自然更好。就好比让品牌负责人去做团队人员的工作,品牌负责人能从整个行业、整个平台的角度去把握用户需求,往往比团队人员做得更好。

那么,品牌负责人复盘团队人员对工作的理解情况,究竟要从哪些方面入手呢?品牌负责人可以考察团队人员对产品的熟悉程度、对博主的熟悉程度、对行业的熟悉程度,以及对品牌营销目的的理解情况、对品牌战略规划的理解情况和对用户人群的认知程度。

这些考核指标看起来比较虚,但品牌负责人执行起来是比较容易的。品牌负责人可以通过与团队人员沟通、谈话等方式,了解团队人员对自身工作的理解情况,提出以上问题。根据团队人员的回答,品牌负责人能够清楚地知道团队人员对工作的理解情况。

如果团队中只有个别人员对自身工作的理解不到位,那么品牌负责人需要对其进行辅导,强化他们对于自身工作的理解,提升他们的认知水平;如果团队中大部分人员对自身工作的理解都不到位,那么品牌负责人需要对团队内所有员工进行培训、辅导,加强他们对自身工作的认知、理解,并反复在团队中提及产品情况、博主情况、行业情况、品牌营销目的、品牌战略规划、品牌目标用户人群等信息,形成相应的文化氛围。

通过对ROI、用户心智和团队人员进行复盘,品牌能更全面地掌握投放过程中存在的问题,如图8-4所示。

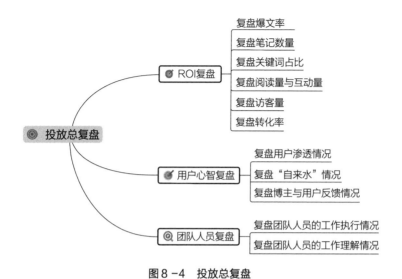

图8-4 投放总复盘

品牌能够从数据结果、影响力结果和团队内部人员这三个方面得到提升。在反复复盘的过程中,品牌投放广告的流程和方法将被反复优化,最终形成高效率、低成本的投放标准。

【抄作业】

○ 品牌复盘团队人员,需要复盘团队人员的工作执行情况和工作理解情况。

后　记

　　写到这里，本书已至尾声，回顾本书的完成过程，我倍感辛酸却又充满自豪。

　　2012年，我开始在互联网上分享关于互联网营销知识的文章。虽然我非常用心地去写每一篇文章，但因为文笔比较稚嫩，表达有所欠缺，所以心中所想常常不能尽情抒发出来，这令我苦闷不已。2021年，我与其他领域的KOL约好，四年完成1000篇文章，每一篇文章都带着我的思考和分析，以及在实操的过程凝聚的经验。时至今日，这个目标还在努力达成中。

　　在这种情况下，我希望将自己的经验分享出来，写成书籍。不过，与其说这本书是我"写"出来的，不如说是我和团队在辅导各个品牌做小红书营销的过程中实践出来的，是走过无数条弯路、踩过各种坑之后，总结出的实战经验。只要认真阅读，品牌运营人员一定会有所收获。

　　最后，我想告诉读者，这本书是1.0版本，后面一定会有2.0版本。写作是我的兴趣爱好，我会笔耕不辍，长期坚持。写作会成为我这一生中最重要的事情，但我并不想成为一个高谈阔论的文字工作者，因为这不是我的初衷。我所写的每一篇文章，必然是我在做内容营销过程中的心得与总结。

　　小伙伴们，我们在路上会再相遇。

庄俊

2023年4月